이 모든 생각과 용기의 근원인 마작가네 사랑방, 공부방 벗님들, 그리고 작가워크샵 작가님들께 감사합니다. 사랑의 원천인 김미리, 마규원, 마해준에게도 다시 한번 마음을 전합니다.

늘 도움을 아끼지 않는 김태균 대표님과 윤혜정 팀장님 그리고 씨앤컴 식구들께 감사합니다.

저자 소개

마작가는 강원도 춘천에서 태어났고 서강대학교를 졸업했다. 브랜드 전략가로써 시애틀 본부와 함께 스타벅스 CPG 비즈니스의 한국 진출 시 신제품 개발, 비즈니스 모델 및 마케팅 캠페인 셋업에 참여했다. 유럽계 다국적 기업에서 4개 국적의 글로벌 브랜드 마케팅 팀 리더 그리고 아태지역 전략 트레이너로 활동했다.

저서로 에세이 〈육림공원 원숭이: 90년대를 함께 살아간 X, Y 세대에 게〉와 예스24 베스트셀러로 선정된 실용서 〈쇼핑몰 위탁판매 이래도 어려워요? 자는 동안에도 돈이 들어오는 수입 다각화의 첫 단계〉 그리고 1% 더 전략적으로 사는 방법을 알려주는 자기계발서 〈내 젊은 날에 보내는 비밀 레시피〉가 있다. 방황을 높은 단계의 욕망으로 해석하고 위로하는 책 〈방황하는 사람은 특별하다〉가 출간을 앞두고 있다.

자기답게 살기 위한 방법으로써 독립의 중요성과 퍼스널브랜딩에 대해 컨설팅 및 강연을 병행하고 있다. 본인을 탐구하여 한 권의 책으로 출판하는 것을 돕는 작가 워크샵을 진행하고 있다. 이 책은 워크샵에서 영감을 받아 만들어졌다. 마작가.com 과 유튜브 채널 〈마작가네 사랑방〉에서 이 모든 것들과 함께 〈월든〉에서 영감받은 저자의 반쪽짜리 숲속생활을 만 날 수 있다.

팔리는 콘텐츠의 한 가지 이유

발행일 2021년 3월 31일 초판 1쇄
지은이 마작가
펴낸곳 페스트북 미디어
경기도 안양시 벌말로102번길 49
creative@festbook.co.kr
Copyright (c) 마작가, 2021, Printed in Korea.
ISBN 979-11-973694-6-9 13700
값 15,300원 * 잘못된 책은 구매처에서 바꾸어 드립니다.

1부

기획의 기초

팔리는 책은 무엇이 다른가 ·············· 16
전략적 접근의 기초: STP ·············· 22
시장이 작으면 이미 실패 ·············· 26
블루오션 평가표 ·············· 28

2부

따라하면 되는,
시장성 있는 주제 정하기

후보 준비 작업 ·············· 31
  몰라도 된다 무조건 큰 분야로 가라
  보장된 큰 시장
  입분자를 대상으로 책을 써야 하는 이유
  후보 선발하기
잘 팔리는 주제 발굴하기 ·············· 37
  1. 분야의 크기
  2. 키워드의 양
  3. 트렌드
  4. 경쟁상황
  5. 즉각적 변화
  6. 주변의 수요
  7. 내 학습역량

3부

작가를 위한 출간기획서

출간기획서를 반드시 써야 하는 이유 … 70

3단계: 똑똑한 출간기획서의 요건 …… 75

    1. 카테고리

    2. 집필 의도

    3. 저자 소개

    4. 제목

    5. 책 소개

    6. 목차

4단계: 무릎을 탁 치는 목차 …… 91

    목차 실습 지침

    목차 작성하기

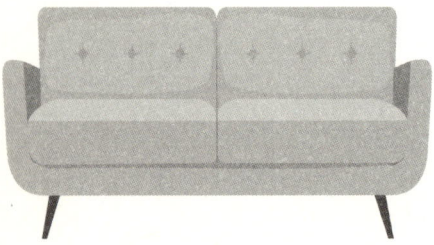

4부

매일 2시간, 하루에 300단어
- 쓰기의 기술

써내는 작가 vs. 마음만 작가 …… 105

    매일 2시간

    하루에 300 단어

5단계: 사로잡는 서문 …… 110

    서문이 중요한 이유

    1. 요약으로 시작하라

    2. 독자에게 약속해라

    3. 독자에게 선을 그어라

    4. 스토리텔링

불변의 글쓰기 원칙 …… 131

    쉽게 쓸 것

    짧게 쓸 것

    독자를 공부하라

    결론부터 말해라

오레오 글쓰기 …… 140

실용서를 더 맛깔나게 쓰는 법 …… 142

    오레오를 트레오로 바꾸기

    챕터 쪼개기

    놀지 않고 모두가 일하는 문단 만들기

5부
출판 그리고 그 이후

6단계: 작품에서 상품으로 ········ 151
출간절차 ·········· 161
돈 안 드는 마케팅 ················ 163
    남이 내 책에 대해 말하도록 하라
    모르는 사람에게 팔아라
    히어로 채널을 정해라
맺음말 ········ 174

서문

나는 방황하는 사람들이 자신의 고유성을 찾고 삶의 의미를 발굴하기 바란다. 그 과정에서 글이 도구가 되길 원한다.

동시에 글이 생계에 보탬이 되길 원한다.

때문에 나는 자신의 인생을 살고 싶은 모든 사람들이 책을 한 권씩 쓰길 바란다. 글은 삶에 대해서도 생계에 대해서도 도움을 줄 것이기 때문이다.

이 책은 그 이유와 방법에 대한 것이다.

다행히 내가 줄 수 있는 것들이 있다. 우선 팔리는 책에서 중요한 것과 중요하지 않은 것을 시장의 눈으로 걸러내었다. 이것은 브랜드 전략가의 눈이다. 다음으로는 쓰기다. 가장 중요한 것을 그러면 어떻게 써야하는가. 이것은 작가의 눈이다. 이 두 가지 눈을 가졌음에 감사한다. 워크샵을 통해서 가장 중요하다고 생각되는 6가지 단계를 제시했다. 이대로 따라하면 누구나 시장성 있는 책, 또는 콘텐츠를 기획할 수 있도록 애썼다.

*

나는 작가워크샵을 통해 예비작가들이 진짜 작가가 될 수 있도록 도와주고 있다. 그중에서도 실용서 쓰기는 확실히 눈에 보이는 결과가 있었다. **글로벌 브랜드 전략가로써** 내가 잘 하는 것을 접목할 수 있었다. 시장을 제대로 보고 그 시장에서 성공할 수 있는 무엇인가를 만들어내는 것이었다. 역시나 대상이 무엇이든 간에 "파는 것"에는 상당한 공통점이 있었다.

작가워크샵의 내용을 체계적으로 정리해 책으로 내야겠다는 생각이 들었다. 여건이 되지 않아 함께 하지 못한 예비작가들을 위해서이다.

글쓰는 방법을 안다고 해서 누구나 책을 쓸 수 있는 것은 아니다. 특히 팔리는 책은 그렇다. 책이 단순히 자기만족이 아니라 독자에게 읽히고, 그런 과정에서 보상이 되었으면 좋겠다. 시중의 글쓰기 강좌는 이런 부분을 해결하기엔 부족하다고 느꼈다.

팔리는 책을 쓰기 위해서는 시장성의 개념을 이해해야 한다. 글을 잘 쓴다고 해서 책이 잘 팔리지는 않는다. 시장성 있는 책은 "어떻게"보다는 "무엇을"의 영역이기 때문이다. 책쓰기 강좌는 글쓰기 수업과 달라야 한다고 생각했다.

1부에서는 잘 팔리는 책에 대해서 정의했다. 시장성에 대한 요소를 잘게 쪼개어 쉽게 설명하려고 노력했다. 우선 우리가 목표하는 "잘 팔리는 책"이 무엇인지 이해해야만 그 목표를 달성할 수 있기 때문이다.

2부에서는 그 "무엇"을 정하는 방법을 설명했다. 내가 작가워크샵에서 작가들과 직접 연구하고 실습하고 진화시킨 결과이다. 아무리 글을 잘 써도 시장성 없는 주제에 대한 책은 독자에게 닿을 기회를 얻지 못한다.

3부에서는 실제 기획에 대한 팁을 전수하려고 노력했다. 글쓰기와 책쓰기라는 과정을 마케팅의 눈으로 보기 위해 전략가의 노하우를 최대한 살려보려고 애썼다. 특히 많은 예비작가들이 목차를 만들어내는 과정에서 좌절하는 모습을 많이 봤다. 목차에 대한 내 조언은 꽤 실용적일 수 있다고 생각한다.

4부에서는 실제 쓰는 과정에서 유의해야 할 점을 적었다. 특히 수많은 페이지를 써 내야 하는 작가들의 고뇌를 작가의 마음으로 이해하고 응원하고자 했다. 많은 사람들이 간과하는 서문 쓰기에 대한 조언은 나름 참신하다고 생각한다. 그 중요성에 비해 서문에 대해 이야기하는 조언을 본 적이 거의 없다. 물론 글쓰기에 대한 내용도 적었다. 오레오가 아니라 트레오를 쓰라는 내 조언은 글을 써나가는 데에 있어 실용적인 도움을 줄 것이다.

5부에서는 원고를 완성한 후 어떻게 하면 독자에게 선택받는 책이 될 수 있는지에 대해 조언했다. 그야말로 마케팅의 영역이다. 출간 후 마케팅에 대해서는 크게 몇 가지 방법을 제안했다. 물론 이 외에도 다양하고 기상천외한 마케팅 방법이 존재할 수 있다. 하지만 초보 작가들에겐 이미 충분하다. 글로벌 브랜드 전략가 출신의 내 경험으로 보자면, 이것만 제대로 해도 마케팅의 기본은 잘 지켰다고 본다. 내로라 하는 글로벌 브랜드의 기본 커뮤니케이션 전략도 스케일만 다를 뿐 이와 다르지 않기 때문이다.

이 책을 읽고 책쓰기를 완성한 작가들이 내게 기쁜 소식을 더 많이 알려주길 바란다. 나는 독자이자 작가이다. 하지만 솔직히 나는 작가들의 편이다. 마작가.com 과 블로그에서 더 자주 소통할 수 있길 바란다.

나는 왜 이 책을 쓰는가

내가 이 책을 쓰는 이유는 조금 심각하다. 하지만 그만큼 진실함이 묻어있다는 것을 말하고 싶다. 만약 독자들이 내가 이 책을 쓴 이유에 대해 공감한다면 책을 더 깊은 곳까지 이해할 수 있을 거라 생각한다.

인생 2막에서 본격적으로 추진할 내 사명은 이렇다.

나는 방황하는 사람들이 자기 인생을 살 수 있도록 도움을 주는 사람이고 싶다. 방황하고 기웃거리는 이유는 자신에게 주어진 것으로 만족하지 않고 그 이상으로 성장하고 싶기 때문이다. 사회에서 규정한 나 이상의 존재가 되고싶은 욕망 때문이다. 그러므로 방황하는 사람들은 거룩한 욕망을 가진 사람들이다. 방황을 아름다운 단어로 받아들여야 한다. 그럴 때에 방황은 자기실현과 자기초월의 가장 좋은 연료일 뿐이다.

자기실현은 내 삶의 목표지만, 자기초월은 내 삶의 목적과 의미에 대한 것이다. 여기엔 방황이라는 연료가 있어야 한다. 나는 그렇게 생각한다. 그래서 나는 방황하는 사람들을 고운 시선으로 모으고 있는 중이다.

내 삶의 목적과 의미를 발견하는 과정에서 글쓰기는 검증된 도구이다. 내가 작가워크샵을 소중하게 생각하는 이유다. 그것을 통해 방황하는 사람들이 자신을 찾고, 글을 통해 흩어진 나를 하나의 이야기로 꿰어낼 수 있다면 에릭 에릭슨이 말한 자아통합의 단계에 다가설 수 있지 않을까. 수 천 년간 인류의 역사를 뒤흔든 사상가들도 글쓰기를 통해 생각을 발전시키고 사람들에게 알렸다.

그러나 누구나 글을 쓸 수 있었던 것은 아니다. 그들은 어떻게 보면 혜택받은 사람이었다. 최소한 먹고 사는 문제에서 어느 정도 자유로운 사람들이었다.

생계는 중요하다. 모두가 강남에 집 한 채씩 가지자는 말은 아니다. 인간으로써 존엄성과 자존감에 대한 품위 유지비는 필요하다는 말이다.

*

나는 방황하는 사람들이 자신을 찾고 삶의 의미를 찾는 과정에서 글이 도구가 되길 원한다. 그러나 동시에 생계에 보탬이 되길 원한다.

나는 방황하는 모든 사람들이 전자책을 한 권씩 쓰길 바란다. 그 이유는 이렇다.

첫째, 전자책을 쓰면 돈이 된다. 이 말이 너무 품위가 없다고 느꼈다면 돈을 수익이나 생계라고 바꿔도 상관없다. 나는 실제로 월 100만 원 이상의 수익을 전자책에서 얻고 있다.

내가 쓴 전자책의 주제는 내 전문분야도 아니다. 내가 인맥을 활용해서 판매했거나 광고를 한 것도 아니다. 특별할 것 없는 내가 전자책을 통해 월 100만 원씩 번다면 독자도 할 수 있다. 나는 몇 권의 전자책을 더 출판할 계획을 갖고 있고, 수익이 비례해서 늘어날 것이라 확신한다. 이런 과정도 블로그와 유튜브를 통해 계속 공유할 것이다. 실제 사례보다 더 강력한 설득은 없다.

둘째, 전자책을 쓰고 제작하는 데엔 특별한 기술이나 테크놀로지가 필요 없다. 출판업계 관계자는 시길(Sigil) 같은 전문 프로그램이나 CSS 코드를 사용해 만들어야 한다고 겁주며 말할지도 모른다. 종이책에는 어느 정도 맞는 말일 수도 있다. 인디자인(Indesign) 같은 프로그램이 필요하다. 하지만 나는 전자책에 대해 말하고자 한다. 전자책은 사람들이 흔히 쓰는 워드프로세서 프로그램과 개인 컴퓨터만 있으면 된다.

  살아있는 증거가 있다. 바로 문과 출신으로 코딩은 전혀 모르는 나다. 나는 유료 프로그램이나 전문 툴을 단 한 개도 사용하지 않았다. 그렇게 제작한 전자책으로 수익을 거두고 있다. 독자들의 평가도 나쁘지 않다. 솔직히 말해, 평이 좋다. 그렇다면 내가 전자책을 제작한 방식은 합리적으로 검증되었다라고 말할 수 있지 않을까. 이 책 역시 대부분 평범한 워드프로세서로 만들 예정이다. 누구나 자기가 쓴 내용을 전자책으로 제작할 수 있다.

  셋째, 다만 팔리는 책에 대한 공부가 필요하다. 작가가 자신의 내면에 대한 이야기를 에세이로 담담하게 들려주는 것도 좋다. 하지만 그런 이야기는 나중에 쓰면 된다. 스타 작가가 아닌 이상 에세이로 수익을 거두는 것은 쉽지 않다.

  그러므로 먼저 팔리는 책을 쓰고, 그 수익의 달콤함을 기반으로 삼아 다음 책을 쓰면 된다.

  팔리는 책이라니, 그게 쉬운 일인가?

  다행히 나는 여기에 대해 말할 권리와 두둑한 신용을 갖고 있다. 나는 영업을 배경으로 한 글로벌 브랜드 전략 전문가다. 어떻게 하면 팔리는 시장을 찾아내고 결국 수익으로 연결할 수 있는지에 대해 이 책에서 노하우를 나눌 예정이다. 물론 내가 살아있는 예시다. 내가 알지 못하고 경험하지 못한 것은 이 책에 적지 않을 것이다.

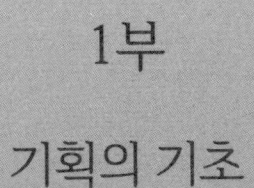

1부

기획의 기초

I. 팔리는 책은 무엇이 다른가

팔리는 책과 좋은 책은 다르다.

내가 멘토로 삼을 정도로 좋아하는 핸리 데이비드 소로우가 지금 숲에 대한 책 〈월든〉을 낸다해도, 그 판매량은 재테크 서적이나 말랑말랑한 감성팔이 책을 넘어서지 못할 것이다.

그러므로 결정해야 한다. 팔리는 책을 쓸 것인가, 좋은 책을 쓸 것인가.

나는 세 권의 책을 갖고 있고, 곧 네 권이 된다. 그중 팔리는 책은 〈이래도 위탁판매가 어려워요〉라는 쇼핑몰 창업에 대한 책이다. 100만 원씩이나 팔릴 거라고 기대하지는 않았지만 어쨌든 수익을 목적으로 썼다. 나머지 세 권은 좋은 이야기를 들려주는 것을 목적으로 썼다. 이 책 역시 꼭 필요한 사람들에게 도움을 주고 그 대가로 수익을 얻기 위한 의도로 쓰고 있다.

무엇에 대해 쓰냐가 더 중요하다.

잘 팔리는 책을 쓰려면 큰 시장을 골라야 한다. 사람들이 찾고 있는 분야에 대해 책을 써야 한다. 창업이나 재테크나 영어공부 같은 것들이다. 서점에 가보라. 진열매대가 가장 크고 화려한 분야가 바로 그 분야다. 책으로 돈을 벌려면 그런 분야에서 책을 쓰는 게 지름길이다. <이래도 위탁판매가 어려워요> 역시 재테크와 창업이라는 큰 시장을 겨누고 쓴 책이다.

잘 쓰느냐보다 경쟁상황이 중요하다.

큰 시장이 중요하다고 했다. 하지만 그중에서도 꿀아이템이 있다. 사람들이 이제 막 찾기 시작하는 분야이다. 큰 시장 안에서 막 떠오르기 시작한 분야. 그 분야는 아직 경쟁자가 없다. 있다 해도 싸워볼 만하다. 사람들이 아직 잘 모르기 때문에 배우고 싶어 한다. 즉 돈을 쓸 준비가 되어 있다. <이래도 위탁판매가 어려워요>는 재테크와 창업이라는 큰 시장 안에서도 스마트스토어와 쿠팡을 통해 위탁판매 하는 새롭고 떠오르는 방법에 대한 책이다. 당시에 위탁판매라고 검색하면 아무 책도 검색되지 않았다. 이 책이 거의 최초가 되었다. 지금 위탁판매로 검색하면 이 책이 1순위로 나온다. 마케팅 불변의 법칙에 나오는 "최고보다는 최초가 돼라"를 떠올리면 된다.

나는 이 말을 조금 바꾸겠다. "최고보다는 최초의 그룹 안에 포함되어라."

제작보다 유통이 중요하다.

마케팅에서 가장 중요한 것, 그래서 매출에 당장 영향을 주는 요소를 꼽으라면 단연 "유입"이다. 일단 유입이 되어야 사든 말든 하지 않겠나. 크몽 같은 곳은 노는 물이 작다. 블로그도 마찬가지다. 무엇보다 크몽이나 블로그에서 팔면 신뢰성이 낮다. 대학생들이 그럴듯한 문장으로 PDF 문서를 만들어 알바를 하는 걸 알고 있는지 모르겠다. 여기에 넘어가는 사람들도 좀 안타깝지만, 작가로써 그 다음 책을 위한 독자를 모으고 싶다면 이런 문구는 피하는 것이 좋다.

"월 1,000만 원 벌기 싫은 분은 보지 마세요" 또는 "강의 2천만 원어치를 듣고 녹여낸 정수."

분별력 있는 어른이라면 교차로에 난 "20대에서 49세까지 여성. 하루 50만원 보장. 가족 같은 분위기. 노래주점이지만 술 안마

셔도 좋아요" 같은 구인광고를 믿지 않는다.

유입을 위해서는 메이저 서점에 들어가야 한다. 네이버에서도 검색되어야 한다. 그 시장과 그 분야의 핵심 키워드를 넣었을 때에 검색이 되어야 한다는 말이다. <이래도 위택판매가 어려워요> 는 예스24에서 주로 팔려 창업 베스트셀러에 올랐지만, 교보, 리디북스, 알라딘을 가리지 않고 팔리고 있다.

서점 유통보다 블로그가 더 중요하다.

무슨 말인고 하니 이렇다. 사람들은 책을 사려고 검색을 하는 게 아니라, 관련 분야를 검색하다가 책을 발견한다. 즉 원하는 정보를 얻기 위해 사람들은 관련 키워드로 충분한 "탐색"의 시간을 갖는다. 그 탐색의 과정에서 책이 노출되어야 한다. 개인이 만들 수 있는 콘텐츠 중 탐색 즉, 검색의 과정에 가장 노출될 확률이 많은 것은 무엇일까. 블로그이다. 관련된 키워드와 정보가 가득 담긴 블로그 콘텐츠를 만들면, 사람들이 원하는 정보를 탐색하는 과정에서 노출이 이루어진다. 사람들은 그 노출을 보고 책 정보 또는 서점 링크로 유입된다. 그제서야 구매냐 아니냐 선택을 하게 된다. 선택 받기 전까지 갔다면 이미 훌륭하다. 책으로 돈을 번다는 것은 무슨 뜻인가? 사람들이 책을 많이 샀다는 것이다. 그런데 생각을 해보면, 책을 사는 사람들은 여러분, 즉 작가가 모르는 사람이다. 모르는 사람들이 책을 사게 하려면 어떻게 해야 하겠는가? 노출이고 유입이다. 무작정 홍보만 하면 역효과다. 블로그 글을 잘 적는 방법을 연구하고 노력해야 한다. 지금 흔한 1인 강사들처럼 쓰면 서로이웃 말고는 책을 팔 수 없다. 책의 판매량은 딱 이웃 수만큼일 것이다. 블로그 실력은 이웃수가 아닌 방문자수다. 즉 "상위노출 키워드"를 얼마나 갖고 있는지, 해당 분야 커뮤니티에서 자주 언급되는지. 그런 면에서 내가 훌륭한 블로거는 아니다. 하지만 네이버든 구글이든 "쿠팡 위탁판매"나 "쇼핑몰 온라인 위탁판매 방법" 등을 검색하면 내가 만든 콘텐츠가 상위에 노출된다. 거기엔 책 홍보가 없다. 다만 더 자세한 내용은 책을 사서 보라고 짤막한 문구와 링크가 삽입되어 있을 뿐이다. 내 책은 대부분 이런 과정에 의해 구매되는 것으로 파악하고 있다.

장기적으로는 브랜드가 중요하다.

브랜딩이라고 해서 프로필을 넣거나, 명함을 만들거나, 이미지 파일을 제작하라는 게 아니다. 어쩌면 이런 것들은 별 도움이 안 된다. 당신이라는 사람, 혹은 작가는 무슨 말을 하는 사람인가. 이것이 브랜드다. 결국 너는 누구인가. 나는 누구인가. 너는 무엇을 추구하는가. 내 사명은 무엇인가, 라는 인문학적인 질문이다. 애플과 나이키가 소비자들에게 선호도 1등과 2등을 나눠먹은 지 몇 년이 되었다. 그들이 왜 훌륭한 브랜드인가? 지향하는 바가 뚜렷하기 때문이다. 로고나 네이밍이나 그럴 듯한 태그라인이 아니다.

  책 한 권 한 권을 미래의 발판, 수익으로 쌓고 싶은가? 그러면 내가 무엇을 추구하는지를 발견하고, 그것으로 사람들에게 도움을 주라. 그리고 책이 그 수단이 되게 하라. 그러면 사람들은 기꺼이 도움을 받기 위해, 혹은 여러분이라는 브랜드를 좋아해서, 여러분의 다음 책을 살 것이다. (팁, 작가가 누구인지 그 사람 인생의 스토리는 무엇인지 공개되지 않은 PDF 문서를 산다는 것은 교차로 주점 구인광고를 보고 마음이 부푼 사람과 크게 다르지 않다. 그러므로 돈 낭비 하지 마라.) 물론 책으로 돈을 버는 것도 중요하겠지만, 그 책으로 여러분의 브랜드와 여러분이 추구하는 것을 위해 무엇을 할 것인가 – 이런 질문도 중요하다.

2. 전략적 접근의 기초

모든 전략서는 STP 의 자기식 풀이에 지나지 않는다.

100가지씩이나 되는 마케팅 개념을 풀어쓴 책도 있다. 나는 글로벌의 내로라하는 CEO들과 전략가들을 만나 토론을 하고 비즈니스 플랜을 짰지만, 그 어디에도 요란한 개념이 들어가서 인정을 받은 것을 보지 못했다. 좋은 전략은 언제나 단순하다.

STP 란 훌륭한 마케팅 효과를 내기 위한 세 가지 요소이다. 이 요소는 **알아두면 틀림없이 인생과 사업이 도움이 된다.**

S - 분야

S는 Segmentation 을 뜻한다. 분야와 주제라는 뜻이다. 시장 세그먼트라고 말하기도 한다. 우리는 책, 그것도 팔리는 책을 쓰려고 한다. 그러므로 여기서의 S는 책 시장을 뜻한다. 교보문고나 예스24 같은 온라인 서점에 가서 카테고리를 들여다 보라. 적어도 삼십

개의 카테고리가 있다. 그게 다가 아니다. 그 하부에 또 세부 카테고리가 몇 개씩 존재한다. 이 중에 나는 어떤 책을 쓸 것인가를 고민해야 한다.

하지만 앞에서 언급했듯이 팔리는 분야는 정해져 있다. 나는 그 분야가 뭔지 대놓고 언급할 예정이다. 하지만 이런 뼈대를 먼저 이해하지 않으면 자칫 잔기술이 될 수 있다.

T - 타깃

T는 Target 이다. 타깃이 무엇인가. 책에 맞춰 생각하자면 독자다. 독자를 세밀하게 타깃할수록 승산은 높아진다. 같은 분야라도 어떤 타깃을 정하냐에 따라 책 내용과 형태가 바뀐다. 다르게 말하면 아무리 좋은 분야를 골라도 타깃이 잘못되면 판매에 실패할 수 있다는 이야기이다.

자, 책이 잘 팔리려면 큰 시장으로 가야 한다. 같은 분야라도 가장 책을 많이 사보는 사람들은 누구일까. 초보이다. 그러므로 별도의 전략이 있지 않다면, 팔리는 전자책은 이런 사람을 타깃으로 해야 한다.

입문과 초보를 타깃하라. 배우고 싶지만 어떻게 시작할지 모르는 사람을 위해서 쓰라.

P - 차별화

P는 Positioning 이다. 포지셔닝은 여기에 대한 책이 있을 정도로 중요하고 모호한 개념이다. 한 마디로 정의하면 차별화다. 같은 분야, 같은 타깃으로 여러 사람이 책을 쓴다고 해보자. 다른 책들과 다른 점은 무엇인가? 정말 어려운 문제가 아닐 수 없다.

다시 한번 말하지만 책이 많이 팔리려면 우선 큰 시장에 발을 담그는 게 중요하다. 작은 시장에서는 아무리 책이 좋아도 그 판매량이 적다. 요즘 떠오르는 분야에서 입문자를 타깃으로 책을 쓴다고 치자. 문제는 비슷한 책이 여럿일 수 있다는 것이다. 여러분은 어떻게 차별화할 것인가?

특별한 전략이 없다면 내가 제안하는 것을 긍정적으로 고려해주길 바란다.

시중에 나와있는 비슷한 책 중 "가장 쉬운" 책이 돼라. 더이상 쉬울 수 없게 쓰라. 그저 따라 하기만 하면 되게 쓰라. 그대로 따라 하면 작가 여러분들이 얻은 것과 비슷한 것을 얻을 수 있도록 쓰라.

어떻게 쉽게 쓸 것인가? 여기서부터는 내가 답을 줄 수 없다. 그야말로 본인의 입맛과 색깔이 드러나는 부분이기 때문이다. 그림을 넣든, 링크를 넣든, 글씨를 크게 하든, 타깃 독자 - 입문자의 눈으로 바라보는 수밖에 없다.

입문하는 사람들은 기대수준이 생각보다 높지 않다. 우선 어떻게 하는지 배우는게 목표이다. 따라서 그들은 복잡하지 않게, 적은 노력으로 쉽게 배우는 것을 원한다. 적어도 이 목표는 여러분이 달성하게 해주어야 한다. 그러므로 책이 복잡해질수록 여러분의 목표는 멀어지고 수익도 멀어진다.

한 마디로 그 분야의 입문자를 대상으로 가장 쉬운 책을 쓰라. 여러분은 절반 이상 성공한 셈이다.

3. 시장이 작으면 이미 실패

무엇을 쓸 것인가. 여기서 이미 많은 것이 결정된다. 규모가 크고 경쟁이 낮은 시장을 선택해야 한다.

반대의 경우를 생각해보자. 규모가 작은데 경쟁마저 치열하다면 어떤가. 책을 잘 써도 주목받기 어려울 뿐더러, 주목받는다 해도 그 보상은 작다. 물론 보상은 경제적 보상이다. 특수한 틈새시장 (Niche) 에서 주목을 받으면 퍼스널 브랜딩이나 명성에는 일부 도움이 될 것이다. 그러나 이 책의 목적대로 우리는 수익에 초점을 맞추고 있다. 책을 쓰는 내내 그 점을 명심하자. 책을 쓰는 과정에서 그럴 듯한 책이나 멋진 책으로 기운다면 수익은 멀어진다.

우리는 수익이 되는 책을 목표로 하고 있다. 그것도 비교적 수월한 방법을 통해서 말이다.

시장의 규모 - 판매량, 검색량, 수요예측

우선 시장이 커야 한다. 시장이 큰 것은 어떻게 아는가? 정통 시장조사론에 따라 우리는 정성적인 방법과 정량적인 방법 모두를 고려해야 한다. 쉽게 말하자면 이렇다.

시장이 크다면 책 판매량이 많을 것이다. 이게 정량적인 지표다. 모든 데이터를 볼 수는 없지만 적어도 온라인 서점의 베스트셀러 순위를 보면 감을 잡을 수 있다. 이를 위해 우리는 1위부터 1,000위를 살펴볼 것이다.

책 판매량이 아니라 매대 크기로도 시장을 가늠할 수 있다. 서점에서 별도의 중앙 진열대 (이른 바 아일랜드 매대라고 한다. 본매대에서 섬처럼 떨어져있기 때문이다)에 있는 분야는 눈여겨볼 만하다.

시장이 크다면 그 주제와 관련한 온라인 키워드가 많을 것이다. 이것은 화제성이다. 영어로는 Talkability 다. 시장이 크다면 단순히 책만 크지 않고, 그 주제에 대해 말하는 사람도 많고, 사람들이 언급하는 양 자체도 많다. 이걸 아는 방법이 바로 키워드 발행량이다.

키워드는 정량적인 방법처럼 보이지만 정성적인 요소가 포함되어 있다. 즉 단순히 양으로만 해석해서는 안 된다는 것이다.

키워드는 화제성이기 때문에 사람들의 욕망이 반영되어 있다. 예를 들어 아이폰 13은 아직 발매 전이지만 이 키워드는 사람들의 호기심과 관심를 반영한다. 이를 바꿔 말하면 수요 예측이다. 아이폰 11을 발매하기 전에 측정한 키워드 값보다 아이폰 13을 발매하기 전의 키워드 값이 낮다면, 아이폰13의 수요는 11에 비해 낮을 것으로 기대할 수 있다. 실제로는 복잡한 방식이 동원되지만 이것이 수요예측의 본질이다.

판매량과 키워드는 꼭 일치하지 않을 수 있다. 판매량은 과거와 현재에 대한 결과이기 때문이다. 키워드는 현재와 미래에 대한 결과다.

블루오션 평가표

우리가 찾을 블루오션은 이렇다.

해당 분야의 책 시장이 클 것. 그러나 세부 분야에서는 책 종류가 많지 않을 것 (즉 경쟁자가 별로 없을 것). 그러나 키워드는 충분히 크며 계속 증가하고 있을 것. 그리고 그 분야에 대해서 내가 배울 수 있는 흥미와 역량이 있을 것.

성공 가능성이 높은 분야에 대한 채점표를 만들자면 이렇다.

	배점	우리 아이 머리 좋아지는 요리	여행 프랑스어	쿠팡 파트너스로 월 30만원 벌기	틀리기 쉬운 한글 맞춤법
분야 크기/별도 매대	20				
키워드 양	20				
경쟁상황	20				
즉각적 효과	15				
주변 수요	15				
내 학습 역량	10				
Total	100				

이런 기준이 있다는 것을 알아두자. 그리고 지금부터는 이 논리를 하나씩 따라가면서 실제로 무엇을 쓸 것인지 후보를 정해보자.

2부

시장성 있는 주제 정하기

1단계: 후보준비 작업

몰라도 된다. 무조건 큰 분야로 가라.

시대에 따라 흐름이 있지만 이미 시장의 규모가 검증된 분야가 있다. 물론 같은 분야라도 그 안에서 뜨는 주제와 가라앉는 주제가 있을 것이다.

단, 잊지 말아야 할 것이 있다. 여러분은 이 책의 작가이자 기획자이자 마케터로 1인 3역을 해야 한다. 모든 것을 판단하는 것은 결국 여러분이다. 누가 여러분에게 돈 버는 분야를 찜해준다 해도 본인의 흥미와 역량을 벗어나면 여러분은 그 분야를 선택하지 않을 것이기 때문이다.

이 사실을 염두에 두고 '보장된 주제와 분야'를 먼저 검토해보자. 그리고 수익을 위해서, 강력한 이유가 없다면 아래 주제와 분야 중 하나를 선택하길 제안한다.

보장된 큰 시장

- 재테크 - 주식 (마흔에 시작하는 주식공부 5일 완성)
- 재테크 - 부동산
- 재테크 - 성공학/부자되기 (가계부)
- 육아/자녀교육 (아이를 위한 돈 감각)
- 학습법 - 초등 (고사성어, 초등 글쓰기 기적)
- 학습법 - 영어 (엄마표 생활 영어)
- 자기계발 - 경력관리/성공학/시간관리/처세술/
  삶의 자세 (해빙/김미경/새벽기상/상처치유)
- 자격증/수험서
- 어린이 - 탐정
- 건강 - 요가/다이어트
- 취미 - 손글씨
- 취미 - 요리
- IT - SNS - 유튜브/블로그/인스타그램

이 안에 수많은 키워드가 있을 것이다. 예를 들어 재테크 안에 있는 "부자되기"만 봐도, 가계부 쓰는 방법, 부자들의 마음, 2주 안에 부업하기 등등 묶을 수 없는 다양한 분야가 있다.

이 중에 무엇을 쓸 것인가?

판단 기준은 두 가지로 압축된다.

1) 자신에게 친숙하거나
2) 흥미가 있어 자신이 배워보고 싶거나.

혹시 여기서 의아한 점을 발견했는지 모르겠다. 2번이다.

"배워보고 싶다는 말은, 내가 모르는 것에 대해서도 쓸 수 있다는 말인가요?"

정확히 그게 내 의도다. 우리가 지금은 알지 못하는 것에 대해서도 책을 쓸 수 있다. 그렇지 않다면 우리가 쓸 수 있는 것과 팔릴 만한 것의 교집합은 너무 작을 것이다.

입문자를 대상으로 쉬운 책을 써야 하는 이유

그렇다. 내가 몰라도 책을 쓸 수 있다. 배워서 쓰면 된다. 오히려 어려운 것은 **빼고** 가장 쉽고 핵심적인 것만 알려줄 수 있다.

이렇게 하면 우리가 쓸 수 있는 책의 분야와 주제는 굉장히 다양해진다. 다만 타깃은 초보와 입문을 향해야 하한다. 또한 차별점을 쉽고 친절한 것으로 고정해야 한다. 물론 여기에 작가만의 개성을 넣는 것은 전혀 문제가 되지 않는다. 하지만 기억해두자. 초보와 입문이 아닌 중급 이상을 다루는 순간 여러분이 쓸 수 있는 주제는 한 개나 두 개를 벗어나지 못할 것이다. 또한 차별점을 갖기도 어려울 것이다.

다양한 옵션을 두고 왜 입문자 위주로 쉽게 쓰라고 하는지 다시 한번 짚고 넘어가겠다. 그게 바로 책으로 큰 시장에서 수익을 거둘 수 있는 방법이기 때문이다. 서점에 가보라. 가장 큰 시장은 어떤 분야든 간에 가볍게 읽을 수 있는 책이고, 실용서의 경우엔 입문 용이다. 책의 서두에서 말한 것처럼 이 책은 "책을 잘 쓰기 위한 책"이 아니라, "책으로 수익을 극대화하기 위한 책"이다.

후보 선발하기

평가표를 채점하기 위해서는 후보를 선발해야 한다.

가장 좋은 방법은 오프라인 서점을 방문하는 것이다. 우선 어디부터 방문해야 할까?

그렇다. 별도매대다.

왜일까? 별도매대가 곧 시장의 크기를 증명하기 때문이다.

그러므로 도심지에 위치한 대형 서점에 가서 이 분야의 책들을 훑어볼 필요가 있다.

세상에 이런 책도 있나 싶을 정도로 다양한 책들이 있을 것이다. 책을 보면서 여러분이 마음 속에 가져야 할 질문은 이것이다.

"입문자를 위해 내가 쉽게 쓸 수 있는 책이 뭐가 있을까?"

그런 질문을 갖고 별도매대의 책을 들춰보자. 마음 속으로 "말도 안 돼. 나는 저런 분야에 관심도 없고 능력도 없어."라고 생각이 들 것이다. 하지만 게 중 몇 개는 이유를 알 수 없지만 확 끌리는 책이 있을 것이다. 바로 그런 책이라면 여러분의 분야에 대한 후보가 될 수 있다.

지금은 후보를 정하는 과정이니 이성이 지나치게 개입하지 않아도 된다. 때로는 직관이 일하도록 내버려둘 필요도 있다. 후보가 많아도 된다. 그런 과정에서 때로는 새로운 아이디어가 떠오를 수도 있다. 만약 이런 생각이 들었다면 반드시 메모해두어야 한다. 이게 바로 유레카다!

"이걸 배우고 싶은 사람은 주변에 많은데, 그걸 쉽게 설명한 책은 없네? 내가 잘 할 수 있을 것 같은데. 배워서 한번 써볼까."

10개의 후보를 적을 때까지 서점을 나오지 않겠다는 각오로 노력해보자. 시장이 큰 분야에만 집중해서, 내게 익숙하거나, 내가 지금은 잘 모르더라도 흥미로워서 배워보고 싶은 아이디어 후보를 내보는 것이다. 후보는 많을수록 좋다. 어차피 앞서 이야기한 평가표를 통해 가장 성공 확률이 높은 주제가 정해질 것이기 때문이다.

만약 서점을 가지 못했다면 온라인 서점을 활용하면 된다. 출판사별로 특징이 있으므로, 가장 대중적인 교보문고와 예스24를 추천한다.

우리는 이미 큰 분야가 어디인지 알고 있다. 그러므로 그 분야의 베스트셀러를 1위부터 500위까지 살펴보자. 새로운 아이디어를 내기 위한 것이 목적이다. 그 책을 따라하거나 뛰어넘는 것이 의도가 아니다.

가장 중요한 것은 이 목록을 통해서 1) 내가 10개의 아이디어를 후보를 갖고 있는가 그리고 2) 혹시나 놓친 분야는 없는지 샅샅이 조사하고 영감을 받았는가이다.

만약 이 두가지 질문에 대해 고개를 끄덕였다면, 이제 여러분이 쓸 책을 정해보자.

2단계: 잘 팔리는 주제 발굴하기

평가표 활용 방법

	배점	우리 아이 머리 좋아지는 요리	여행 프랑스어	쿠팡 파트너스로 월 30만원 벌기	틀리기 쉬운 한글 맞춤법
분야 크기/별도 매대	20	18	5	18	5
키워드 양	20	15	5	17	5
트렌드	10	8	2	10	2
경쟁상황	20	10	3	18	3
즉각적 효과	10	15	7	15	2
주변 수요	15	10	2	12	10
내 학습 역량	5	2	1	5	1
Total	100	78	24	95	28

평가표를 요소별로 설명할 예정인데, 이는 아주 중요하다. 여러분이 1단계에서 만든 후보들을 이 평가표에 대입한 후 점수를 낼 것이기 때문이다. 그 중 가장 높은 점수를 낸 후보 2개 중에 여러분이 쓸 책을 골라야 한다.

나는 가상의 후보 4가지를 통해 평가표를 작성했다. 이는 서점에 가지 않고 내가 뚝딱 만들어낸 예시에 불과하다. 서점에 가서 후보 선정 작업을 했다면 내가 여기 적은 4가지 아이디어보다 더 탄탄하고 다양한 후보를 가졌을 것이다.

1. 분야의 크기

분야의 크기란 지금까지 말한 시장의 크기와 같은 말이다. 이 분야가 얼마나 큰지는 이 두 가지 요소로 판단하면 된다.

첫 번째, 앞서 소개한 보장된 큰 분야에 속하는지 확인한다. 두 번째, 서점에서 별도매대를 갖고 있는 분야인지 확인한다. 서점 복도 중간에 섬처럼 떨어진 매대를 (아일랜드 매대) 생각하면 된다. 할인점에서 잘 나가는 행사 상품을 별도 매대로 구성해서 판매하는 것과 같다. 다만 할인점과 달리 서점에서의 별도 매대는 분야별로 묶어놓은 경우가 더 많고, 잘 팔리지 않을 것 같은 분야는 아예 별도 매대에 진열되지 못한다.

내가 평가표에서 예를 든 4가지 아이디어를 이 기준에 맞춰 생각해보자.

<우리 아이 머리 좋아지는 요리>는 육아라는 보장된 분야에 속한다. 이에 대한 책은 별도 매대에 진열되어 있다. 서점을 자주 가봤다면 듣는 순간 별도 매대가 있는지 없는지를 쉽게 상상할 수 있을 것이다. 그래서 18점을 주었다.

<여행 프랑스어>는 분야가 작고 특별한 상황이 생기지 않는다면 별도 매대에 올라갈 일이 없다. 어학 분야에는 영화로 배우는 영어나 엄마표 초등 영어, 토익 문제집 정도가 별도 매대에 올라가 있을 것 같다. 내 점수는 5점이다.

<쿠팡 파트너스로 월 30만 원 벌기>는 어떨까. 이는 IT 분야보다는 재테크에 진열되어 있을 것이다. 독자들도 호기심이 재테크 서적을 한 두권쯤 사본 일이 있을 것이다. 재테크는 보장된 큰 분야다. 별도 진열이라는 기준도 통과다. 사람들은 돈 버는 일에 관심이 많다. 특히 N잡, 부업의 개념이 보편화되면서 돈 버는 일은 직장인은 물론 경제활동에 대해 상대적으로 경험이 적은 대학생이나 중년이후의 주부들에게도 관심있는 주제가 되었다. 내 점수는 18점이다.

<틀리기 쉬운 한글 맞춤법>을 보자. 보장된 분야 목록과 딱히 맞아 떨어지는 게 없다. 특별 매대에 진열될 확률도 낮다. 베스트셀

러 리스트에도 이런 책이 올라온 것을 본 적이 없다. 교보문고에서 검색을 해보니 초등 교육 및 육아가 대부분이다. 어린이를 대상으로 한다면 모를까, 성인을 대상으로 하기엔 분야의 크기가 작다 (시장이 작다). 5점을 주었다.

2. 키워드의 양

키워드의 양이 중요하다. 키워드는 시장의 크기와 다르다.

여기서 말하는 키워드는 "키워드 검색량"이다. 키워드가 의미하는 것은 무엇인가. 키워드는 사람들이 그 주제에 대해 얼마나 자주 이야기하고 있는가를 뜻한다.

키워드에 대해 잘 몰랐다면 이번 기회에 익숙해져야 한다. 앞으로는 키워드의 시대가 된다. 우리가 생각하지 못한 인사이트를 주기 때문이다.

아니나 다를까 탄탄한 소비재 브랜드라면 이미 주기적으로 브랜드 지수를 추적 조사하고 있다. 예전에는 사람들을 모집해서 브랜드의 선호도나 인지도에 대해 설문을 했다. 그런데 사람들은 설문에서 평소와 다른 생각을 말하는 행태를 보였다 (최근에 먹은 것 중 청정원 순창 고추장을 몇 번 먹었고 씨제이 비비고 고추장은 몇 번 먹었는지 어떻게 기억한단 말인지). 그래서 요새는 키워드 검색량을 통해 이를 보완한다. 경쟁 브랜드 대비 우리 브랜드에 대한 언급이 더 많다거나, 더 긍정적인 키워드와 결합되었다거나. 여기엔 조작이 있을 수 없다. 사람들이 실제 검색창에서 찾고, 블로그에 기록하고, 인스타그램에서 해시태그로 언급하는 것을 그대로 보여준다.

우리도 키워드 데이터에 접근할 수 있다. 물론 제한적이다. 하지만 충분하다.

키워드가 의미하는 것은 언급량이다. 사람들이 왜 언급하나? 첫째, 실제 시장이 크기 때문에. 둘째, 시장이 크지 않은데 키워드가 크다면 그게 곧 수요를 뜻한다. 시장의 잠재 가능성을 보여주는 지표가 된다. 우리도 이런 실용서를 써야한다.

키워드 데이터를 제공하는 대표적인 사이트가 있다. 구글 트렌드, 네이버 광고도구와 블랙키위다.

쿠팡 파트너스를 예로 보자. 쿠팡 파트너스는 제휴 마케팅 플렛폼이다. 내가 쿠팡 파트너스에 가입해서 계정을 할당받는다. 그 계정으로 내 블로그나 유튜브 같은 나만의 콘텐츠에 광고 배너를 설치할 수 있다. 그 배너를 클릭하면 쿠팡으로 연결된다. 그렇게 쿠팡에서 물건을 산 사람이 있다면 그 수익의 일부를 '연결해 준 사람'인 내게 공유하게 된다. 한 달에 수 백만 원 이상의 수익을 거둔 성공사례가 나오면서 많은 사람들이 부업이나 N잡으로써 관심을 갖고 있다.

책 시장을 먼저 살펴보자. 쿠팡 파트너스에 대한 책 시장은 얼마나 클까. 교보문고에서 '쿠팡 파트너스'로 검색했다. 종이책이든 전자책이든 이 검색어에 부합하는 제목의 책은 한 권도 없다.

책 목차와 소개에서 12건이 검색되었는데, 예외 없이 쿠팡 파트너스에 대해 잠깐 언급만 하며 소개했다.

한 마디로 쿠팡 파트너스에 대해 집중적으로 다룬 책은 없다. 그렇다면 쿠팡 파트너스는 존재하지 않는 아주 작은 시장일까? 책을 내도 팔리지 않고 수익을 낼 수 없는 주제라고 결론내리면 곤란하다. 오히려 그 반대이기 때문이다.

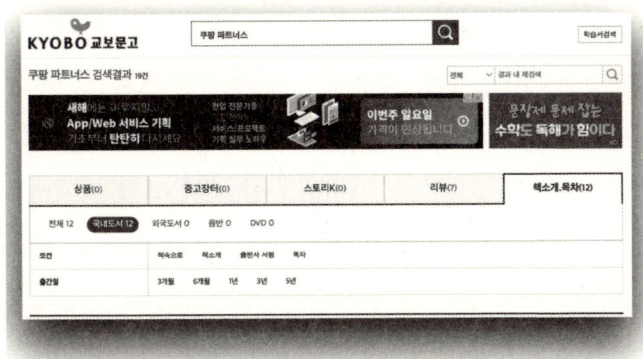

블랙키위에서 키워드를 분석해보자. '쿠팡 파트너스'를 검색한 결과는 이렇다.

　월간 검색량이 최소 27만 건이다. 12월이 아직 다 가지 않았기 때문에, 12월의 예상 검색량도 보여준다. 27만 건보다 더 늘어난 33만 건이다. 네이버 블로그와 카페에서 쿠팡 파트너스와 관련된 글은 8만 8천 건이 작성되었다.

　대한민국 검색 시장에서 이 숫자가 어떤 의미를 갖는지 감을 키울 필요가 있다. 다양한 키워드로 검색하면서 검색량을 비교하면 좋다. 어느 정도 숫자가 나와야 크고 작은지 어렵지 않게 감을 잡을 수 있다.

　예를 들어 '부동산 경매'를 비교해보자. '부동산 경매'는 비교하기 좋은 키워드이다. 왜냐하면 초반에 언급한 '보장되는 큰 분야'인 부동산 재테크에 속하기 때문이다. 또한 주변에서 부동산 경매를 공부한다거나, 임장을 찾아갔다거나, 이를 통해 부자가 되었다는 스토리를 많이 접해보았을 것이기 때문이다. 한 마디로 부동산 경매는 큰 시장이다.

교보문고에서 '부동산 경매'를 검색해보았다. 국내도서 703권, 외국도서 10권, 전자책 eBook 193 권이 검색되었다. 등록된 리뷰는 4천 건이 넘는다.

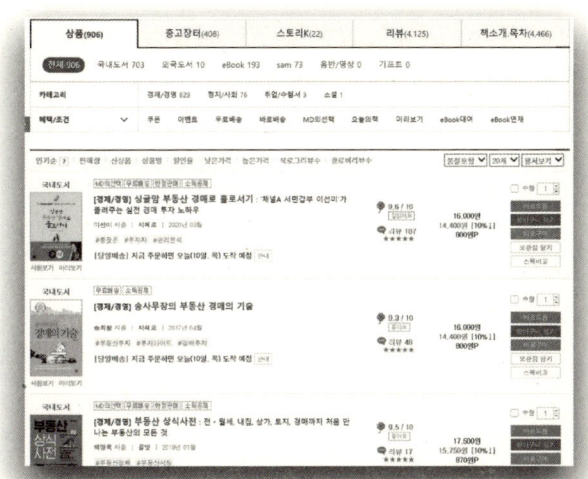

다시 한번 말하자면 '쿠팡 파트너스'는 한 권도 없었다. 그런데도 '쿠팡 파트너스'를 버리지 말아야 하는 이유에 대해 설명하겠다.

'부동산 경매'에 대한 키워드 검색량을 보자. 합리적으로 비교하기 위해서는 언제나 변수를 통제해야 한다. 즉 키워드 말고 나머지 환경은 동일해야 한다는 것이다. 그러므로 블랙키위에서 '쿠팡 파트너스'를 분석했다면 '부동산 경매' 키워드 역시 블랙키위에서 검색하는 것이 옳다.

'부동산 경매'의 월간 검색량은 5만 7천 건이다. 12월에는 약 5만 4천 건으로 예상한다. 블로그와 카페에서 작성된 글은 약 2만 4천 건 정도이다.

정리하자면 이렇다.

부동산 경매는 이미 성숙한 시장이다. 여기에 대해 말하는 사람들도 꾸준하며, 따라서 책도 지속적으로 출판되고 있는 매력적인 책 시장이다.

쿠팡 파트너스는 이제 형성되는 시장이다. 책은 한 권도 출판되지 않았지만 여기에 대해 말하는 사람들은 부동산 경매의 다섯 배가 된다. 부글부글 끓는 용광로인데 그 에너지를 아직 분출하지 못했다. 키워드를 조금 더 다양하게 보고 싶다면 유튜브를 활용해도 좋다. 유튜브에서 두 키워드 모두 넉넉한 숫자의 영상이 돌아다닌다. 하지만 쿠팡 파트너스가 좀 더 최신에 시작된 트렌드이며, 걷잡을 수 없이 커가고 있다는 것을 감으로 알 수 있을 것이다.

	쿠팡 파트너스	부동산 경매
교보문고=과거/현재	0	906
키워드=미래	270,200	56,900

한 번 생각해보자. 부동산 경매와 쿠팡 파트너스 중 어떤 책을 쓰는 게 수익을 낼 수 있겠는가? 오직 수익관점에서만 보자. 무조건 쿠팡이다. 두 번째 평가요소인 '키워드 양'을 놓치지 말아야 하는 이유다.

나는 실제로 이런 방식을 통해 예비 작가들과 워크샵을 진행했다. 워크샵 중에 나온 질문 중에는 "어떻게 이런 키워드를 발굴하나요?" 가 있었다. 애초에 '쿠팡 파트너스'에 대해 모르고 있다면 어떻게 하냐는 것이다.

물론 평소에 여러 분야에 관심을 두면 좋다. 하지만 이런 조언은 안 하느니만 못하므로, 나는 두 가지 즉각적인 효과를 가져오는 팁을 제안한다.

키워드 트렌드를 따라가는 방법

첫째, 디지털 미디어의 광고에 주목하라. 블로그나 유튜브 또는 인터넷으로 신문기사를 볼 때에 광고가 붙는다. 영상에 삽입되기도 하고, 웹페이지에 배너가 보이기도 한다. 이 광고가 무엇에 대한 것인지 보라. 단순한 상품이 아니라 서비스에 대한 내용이라면 곧 콘텐츠로 이어진다. 예를 들어 '쿠팡 파트너스'도 회원 확대를 위해 최근에 광고를 하기 시작했다. 잘 모르는 게 있다면 그때그때 검색을 통해 자투리 지식을 확보하면 좋다.

둘째, 다양한 분야의 블로그를 구독하라. 다양한 블로거와 이웃을 맺으면 그들의 분야에 대한 흐름과 뜨는 토픽을 앉은 자리에서 쉽게 받아볼 수 있다. 특히 키워드는 사람들이 말하는 것이다. 블로거들은 배움이나 자기계발에 대한 의지가 높은 사람들이다. 사람들이 말하는 것을 옮기려는 경향이 있다. 그렇게 해야 자신의 트렌디함을 증명할 수 있을 뿐더러 자기 스스로에도 공부가 되기 때문이다. 블로거들이 무엇인가를 반복해서 말하기 시작한다면 그곳 어딘가에 힌트가 있다. 특히 새로운 정보와 트렌드에 유독 민감한 블로거들이 있다. 그런 블로거라면 알림을 설정해서라도 귀기울일 필요가 있다.

3. 트렌드

평가표에서 트렌드가 높은 배점은 아니지만, 예비작가들이 반드시 고려해야 하는 요소 중 하나이다. 여기서 말하는 트렌드란 유행으로 이해하면 쉽다. 여러분들이 후보로 정한 주제 중에는 평가표에 따라 1) 분야의 크기가 크고 2) 키워드가 많은 주제가 있을 수 있다. 하지만 그것으로는 시장성 있는 주제라고 말하기 어렵다. 그 이유는 이렇다.

왜 트렌드가 중요한가

첫째로 독자들이 책을 구매하는 원인이 트렌드와 밀접한 관련이 있기 때문이다. 독자들이 책을 구매하는 가장 큰 욕구는 정보이다. 물론 위로와 공감 같은 감정적인 욕구를 만족시키기 위한 책도 있을 수 있고 재미를 찾는 책도 있을 수 있다. 하지만 우리는 수익을 창출하는 실용서에 대해 주로 말하고 있다. 실용서를 찾는 욕구는 무엇보다 정보다. 트렌드한 주제일수록 관련된 정보가 상대적으로 적다. 공급이 수요를 따라가지 못한다. 블로그나 뉴스에서 트렌드를 소개하지만 대부분 전체의 아주 일부인 경우가 많다. 독자들은 트렌디한 주제에 대한 충분하고 친절한 정보를 원한다. 그런 정보가 바로 책이다. 트렌디한 주제를 선정하면 독자들이 구매할 확률이 높아진다.

두 번째 이유는 경쟁과 밀접한 관련이 있다. 트렌드와 상관 없이 언제나 인기 있는 주제가 있다. 언제나 인기 있는 이유는 늘 독자의 수요가 많기 때문이다. 여기에는 경쟁자가 많다. **이미 알려진 베스트셀러나 유명 작가가 버티고 있다.** 아무리 분야가 크고 키워드가 많아도 경쟁상황이 치열하다면 시장성은 낮을 수밖에 없다. 물론 차별화를 하면 된다. 하지만 여러분은 브랜드로 치면 신규 브랜드라서 인지도가 낮고 투자 여력도 많지 않다는 점을 기억하자. 반면 트렌디한 주제는 말 그대로 시장에서 새로 등장한 키워드이다. 트렌디한 키워드는 아직 경쟁이 없거나 약하다. 때로는 무주공산 – 주인 없는 산처럼, 들어가는 순간 1인자가 되기도 한다.

트렌드를 평가하는 방법

평가표의 트렌드 점수를 매기는 방법은 두 가지이다.

첫 번째는 키워드 분석이다. 앞서 이야기한 블랙키위 그리고 함께 소개한 다른 웹사이트는 키워드의 검색량 추이 그래프를 제공한다. 블랙키위에 대한 활용법은 인터넷을 통해 더 공부할 만한 가치가 있다. 여러분이 후보로 생각하고 있는 그 키워드가 최근 6개월에서 1년 사이에 증가하고 있는 추세인지 확인하자. 주의할 것이 있다. 한두 달 사이의 증가나 감소에 대해 너무 확대해서 해석하면 안 된다. 특정 이벤트나 뉴스 때문에 왜곡될 수 있기 때문이다. 따라서 6개월 이상의 트렌드를 보는 것이 맞다. 잠깐 올라갔다가 떨어질 주제에 대해 쓰는 것은 작가로써 위험부담이 있다.

두 번째는 정성적인 방법이다. 정성적이란 단순히 숫자로 표현할 수 없는 성질이나 상황을 뜻한다. 첫 번째 방법에서 숫자의 크기가 트렌드를 말해주겠지만, 그 이면에 어떤 오류가 있을지도 모른다. 때로는 숫자는 숫자일 뿐이다. 100만 원짜리 옷이 늘 10만 원짜리 옷보다 좋으라는 법은 없다. 나는 20억 짜리 아파트보다 5천만 원짜리 시골주택이 더 좋다. 정량적인 숫자는, 정성적인 가치와 함께 고려했을 때에 합리적으로 판단할 수 있다. 정석적으로 키워드를 분석하려면 실제 네이버나 구글에서 그 키워드를 검색해보면 된다. 그리고 검색 결과를 두 페이지나 세 페이지 정도 읽는다. 혹시 기계적이고 의미없는 검색 결과가 반복된다면 그 키워드는 숫자가 많다 해도 속 빈 강정일 수 있다. 예를 들면 대부분이 광고성 문구일 수 있다. 특정 업체에서 블로거와 매체에 대량으로 홍보 프로젝트를 진행했을 수 있다. 그러나 키워드의 검색 결과가 실제로 다양한 사람들이 말하고 있는 콘텐츠라면 숫자 이상의 의미를 가질 수 있다. 게다가 콘텐츠를 만든 사람이 긍정적인 호기심을 표현했다면 더할 나위 없겠다.

이렇게 정량적인 방법과 정성적인 방법을 통해 점수를 입력할 때에, 결국은 작가 자신의 주관적인 가치가 개입될 수밖에 없다. 하지만 결국 우리가 목표하는 것은 여러 가지 후보 중에 1등과 2등을 골라내는 것이다. 따라서 완벽하게 객관적일 필요가 없다. 상대 평가라고 생각하면 된다. 그중에 어떤 주제가 더 트렌디한지 점수를 매기자. 기왕이면 점수 차이를 벌려놓는 것이 좋다. 잘 모르겠다고 다 5점을 주면, 결국 주제를 결정해야 하는 주체인 본인을 괴롭히는 셈이다.

4. 경쟁상황

후보 중에 최선의 주제를 고르는 네 번째 요소는 경쟁상황이다. 우리는 훌륭한 책을 써서, 입소문을 만들고 평론가들로부터 힘을 얻어, 브랜드를 쌓아가면서 자연스럽게 책을 많이 팔리는 게 아니다. **이 책의 목적은 매우 뚜렷하다. 우리는 애초부터 팔리는 책을 쓰는 게 목표이다.**

잘 팔리려면 경쟁이 덜 한 곳으로 가야 한다. 유명한 작가가 아니라면 더더욱 그렇다. 세 번째 요소인 <트렌드> 가 중요한 이유도 그것이었다. 트렌디한 주제일수록 경쟁이 치열할 확률이 적다. 블로그는 경쟁이 치열할 수 있다. 하지만 책은 아니다. 그 점이 우리가 공략해야 할 틈새이다.

여기서 경쟁은 책이다. 혹은 전자책으로 범위를 더 좁혀도 좋다. 지금부터 언급하는 내용을 바탕으로 분석해서 최종적으로 평가표에 점수를 매긴다.

경쟁상황을 알아보는 방법

1. 블랙키위나 네이버 키워드도구로 들어간다.

2. 후보 주제의 키워드를 검색한다.

3. 분석결과 중 연관 검색어를 메모한다. 이렇게 하면 후보 주제의 키워드 1개를 3-4개까지 확장시킬 수 있다. 늘어난 키워드를 메모해둔다.

4. 교보문고나 예스이십사로 접속한다.

5. 키워드를 하나씩 검색해본다.

6. 검색되는 책의 양을 본다.

검색된 책의 결과를 분석하는 방법

1. 기대-결과 모델 활용하기

검색결과를 숫자만 보고 단순하게 판단하면 위험하다. 책이 몇 권 이상 검색되면 경쟁이 치열하다고 일반화할 수 없다. 결과가 20권이 나왔더라도, 분야의 크기가 얼마나 크냐에 따라 경쟁이 치열한 상황일 수도 있고 경쟁이 덜한 상황일 수도 있다. 점수를 낼 때엔 분야의 크기를 고려해 상대적으로 평가한다.

예비작가의 "기대-결과 모델"을 적용하면 된다. '이 정도로 큰 분야라면 책이 더 많아야 하는데 생각보다 적네.' 혹은 '이렇게 작은 분야인데 책이 기대보다 너무 많네.'와 같이 생각하면 된다. 수

많은 사례가 있기 때문에 일반화하기 어렵고, 따라서 본인이 주제들을 검색하면서 '아까 이 주제는 제일 큰 분야에서 200권이 검색되었는데, 지금 이 주제는 비슷하게 큰 분야인데 10권밖에 검색이 안 되네.' 처럼 스스로 "상대평가"의 눈을 갖는 게 중요하다.

2. 경쟁관계 유무 파악하기

주제의 키워드가 들어갔다고 똑같은 경쟁 책으로 보면 안 된다. 예를 들어 "쿠팡 셀러 되기"라는 책은 "쿠팡 파트너스로 월 30만 원 벌기"와 경쟁 관계가 아니다. 똑같이 쿠팡이라는 키워드가 들어간 재테크 실용서처럼 느껴질 수 있다. 하지만 독자에게 꼭 알려주고자 하는 핵심 정보와 팁이 서로 완전히 다르다. "우리 아이 머리 좋아지는 요리"라는 책과 "우리 아이 키가 쑥쑥 크는 맛있는 요리" 역시 비슷해보이지만 다르다. 제대로 된 경쟁관계의 책이 다섯 권 이하인 키워드를 발굴했다면 청신호로 봐도 좋다.

3. 평가하면서 비틀어 보기

후보 주제들을 하나씩 검토하다 보면 오히려 새로운 생각이 떠오르기도 한다. 후보들을 고치기에 너무 늦었다고 생각하고 그냥 지나치는 일이 없도록 하자. 주제를 검토하는 과정은 큰 그림에서 보자면 가장 시장성 있는 주제를 만드는 일부일 뿐이다. 무조건 후보 중 하나가 주제일 필요는 없다.

예를 들어 "부동산 경매"에 대해 검색하면 경쟁이 매우 치열하다는 것을 알 수 있다. 이미 나온 책들의 숫자도 많고, 대부분의 책들이 직접적인 경쟁관계에 속한다.

"부동산 경매"라는 주제는 분야는 클지 몰라도 경쟁상황이 너무 치열하다. 그렇다면 주제를 살짝 비틀어보자. 아주 간단한 원칙만 기억하자. 점수를 높게 받을 수 있는 방향으로 비트는 것이다.

예를 들어 "부동산 경매"라는 주제가 경쟁상황에서 더 좋은 점수를 받으려면 주제를 이렇게 수정하면 된다.

주제를 비트는 방법

"부동산 경매"이지만 더 세분화된 분야로 들어갈 것. 이렇게 하면 비슷한 책의 숫자를 줄임으로써 점수를 높일 수 있다. "부동산 경매"를 "사회초년생이 2천만 원으로 시작할 수 있는 첫 부동산 경매"로 바꿔보자. 이 둘은 같은 부동산 경매에 대해 이야기하고 있지만, 그리고 여전히 큰 분야이지만, 경쟁관계를 살짝 비껴나가게 된다. 독자를 별도로 구분하고, 첫 경매라는 상황을 추가함으로

써 스스로의 독자적인 시장을 만들어낸 것이다. 이렇게 검색을 해보자. 경쟁 책의 숫자가 훨씬 줄었다는 것을 바로 확인할 수 있다.

  요약하자면 주제를 비트는 방법은 평가표에서 더 좋은 점수를 받을 수 있도록, 주제를 더 세분화하고 쪼개고 바꾸는 것이다.

5. 즉각적 변화

잘 팔리는 주제, 즉 시장성을 갖는 다섯 번째 고려 요소는 즉각적인 변화 여부이다. 즉각적인 변화란 무엇인가?

예비작가 여러분의 책을 읽고 나면 명확하게 바뀌는 점이 있는가? 만약 그렇다면 즉각적인 변화에 대해 높은 점수를 줄 수 있다. 이는 다소 주관적일 수 있지만 이렇게 생각하면 조금 더 명확하다.

우선 실용서를 읽기 전 독자의 상태를 정의한다. 그 다음 실용서를 읽고 나면 독자가 어떻게 바뀌는지 그 상태를 정의한다. 이 둘이 확연히 다를수록 즉각적인 변화를 가져온 셈이다.

즉각적인 변화에 대해 점수를 매길 때에는 아래의 설명을 읽어본 후 각 주제별로 상대평가를 진행한다. 이전에 언급한 것처럼, 주제별로 점수차이는 가능하면 벌릴수록 좋다.

즉각적인 변화의 예시

<쿠팡 파트너스>를 예로 들어보자. 이 책을 읽기 전의 독자는 어떤 상태일까. 이 책을 구매하는 독자는 디지털을 이용해 집에서 수

익을 내는 방법을 찾고 있을 확률이 높다. 쿠팡 파트너스에 대해서 들어보긴 했지만, 블로그나 유튜브의 단편적인 정보들만 접했다. 독자는 쿠팡 파트너스로 돈을 벌 수 있는 큰 그림과 친절한 설명을 원한다. 하지만 이 독자는 쿠팡 파트너스로 어떻게 수익을 내는지 모르는 상태이다.

독자가 이 책을 읽고 나면 어떻게 되는가? 쿠팡 파트너스로 어떻게 수익을 내는지 그 방법을 알게 된다. 쿠팡 파트너스에 대해서 모르는 상태에서 아는 상태로, 즉각적이고 눈에 보이는 변화를 가져오는 것이다. 이 책을 읽기 전과 후에, 독자는 적어도 쿠팡 파트너스에 대해서는 전혀 다른 상태가 된다. 과장하자면 쿠팡 파트너스에 관해서는 새로운 사람이 된다.

반대로 즉각적이지 않고 애매한 변화를 보자. 실용서를 써서 책을 잘 팔고 싶다면, 확실한 변화를 골라내는 눈을 길러야 한다.

<틀리기 쉬운 한글 맞춤법>을 예로 들어보자. 한글 맞춤법을 잘 모르는 독자가 이 책을 읽고 나서 한글 맞춤법을 잘 알게 될까. 책을 통째로 암기하지 않는 이상 당장, 독자가 즉각적이고 눈에 띄게 변하기는 힘들다. 오히려 책상에 올려두고 시간이 날 때마다 뒤적이면 도움이 되는 책이다.

<여행 프랑스어>도 마찬가지다. 독자는 여행에서 써먹을 수 있는 프랑스어를 알고 싶어서 책을 사겠지만, 책을 읽는다고 해서 즉

각적이고 눈에 띄게 프랑스어 실력이 향상되기는 어렵다.

    잘 팔리는 실용서는 즉각적인 도움을 줘야 한다. 교양서는 마음의 위로를 찾거나 지적인 오락과 또는 자기계발을 목적으로 하므로 즉각적이지 않아도 독자가 찾는다. 그러나 실용서는 아니다. 독자가 실용서를 통해서 얻고자 하는 "Before and After"가 명확하다. 작가가 그 틈새를 애초에 발견하지 못하면 책은 교양서처럼 흐르고 독자는 그 책을 구매할 이유가 없어진다.

6. 주변의 수요

잘 팔리는 책을 쓰기 위한 여섯 번째 요소는 주변의 수요이다. 수요는 이미 앞에서 이야기했다. 분야의 크기와 키워드를 통해 수요를 예측하는 방법을 설명했다.

"주변의 수요"는 앞서 이야기한 객관적인 수요의 맹점을 보완하기 위한 개념이다. 수요가 숫자로 증명되었다 하더라도, 글을 쓰는 작가 여러분에게 상관이 없다면 실제 책을 써내기가 어려울 것이다. 이 개념은 글로벌 브랜드 마케팅 전략에서 아주 핵심적인 것으로 알려져 있다. 바로 연관성이다 (Relevance).

미국에서는 팟캐스트가 인기다. 인터넷으로 송출이 가능한 개인 라디오 방송이라고 생각하면 쉽다. 그러나 우리나라에서는 팟캐스트보다는 유튜브가 훨씬 더 인기가 많다. 오히려 팟캐스트 시장은 소수의 리그라는 인식에서 벗어나지 못하고 있다. 미국만 보면 아주 큰 시장이고 장밋빛처럼 보이지만, 우리에겐 연관성이 낮은 것이다. 아직 "우리의 이야기"로 느껴지지 않는다. 연관성이 낮다.

정량적인 데이터가 크더라도, 정성적으로 걸러내야 하는데 그것이 연관성이다. 내 주변에서 실제로 이를 이용하거나 원하는 사람이 없다면 이는 작가 여러분에게 "최적의 소재"가 아닐 확률이 높다.

<쿠팡 파트너스>의 경우엔 실제 책은 나와있지 않지만 (2021년 2월 현재), 키워드가 크다. 주변을 둘러보면 파트너스에 관심이 있고 이를 공부하는 블로그 이웃도 많다. 이는 정성적으로 확인이 가능하다. 그러므로 나 같으면 <쿠팡 파트너스>의 "주변 수요"에는 높은 배점을 줄 것이다. 그러나 <팟캐스트>에는 낮은 배점을 줄 것이다. 내 주변에서 팟캐스트에 호기심을 갖는 사례를 직접 본 적이 없기 때문이다.

기왕이면 객관적 수요가 크면서, 동시에 주변의 정성적 수요가 큰 후보를 고르자. 실제 책을 써야 하는 것은 작가 여러분이다. 내 주변에 실제 수요가 있다는 것은 많은 의미를 지닌다. 예비 독자가 주변에 있다면 그들의 호기심이나 니즈를 내가 직접 체험할 수 있기 때문이다. 결국 잘 팔리는 실용서는 독자의 니즈를 얼마나 쉽고 빠르게 만족시키는가에 달렸다. "브랜드를 성공시키려면 소비자의 눈으로 바라보라"고 한다. 책이 잘 팔리려면 독자의 눈으로 책을 써야 한다. 그러므로 주변에 독자가 있느냐 없느냐는 작가에게 매우 중요한 심리적 자원이다.

연관성, 즉 주변 수요는 배점이 크지는 않다. 그러나 여러 개의 후보를 하나로 압축하는 과정에서 빠질 수 없는 요소임은 분명하다.

7. 내 학습 역량

여러분이 쓸 주제를 고르는 마지막 평가 요소이다. 작가의 학습 역량이다. 알아챘는지 모르겠지만 배점이 가장 낮다. 조금 의아해할 수 있다. 내가 그 분야에 대해 전문성이 있는지 없는지, 그것을 배워서 책으로 쓸 수 있는지 없는지가 중요하지 않다는 뜻인가?

전문성과 역량은 고려할 만한 요소이지만, 아주 중요하지 않다. 이 말은 1단계 후보준비 작업에서도 강조했다. **몰라도 되니 일단 큰 시장으로 가자.**

왜냐면 실용서의 목적은 입문자가 (쉽게 이야기해서 왕초보들이) 쉽고 빠르게 실용적 노하우를 습득할 수 있도록 만드는 것이기 때문이다.

배점은 낮지만 이 일곱 번째 요소를 통해 고려해야 할 것이 있다. 수요가 크고, 늘어나고 있으며 경쟁이 적은 그 분야의 그 주제에 대해 내가 배울 준비가 되어 있느냐이다.

예를 들어 워크샵을 통해 글을 쓴 어느 작가는 <초딩도 합격하는 공인중개사 합격 비법(가제)> 이라는 책을 기획했다. 작가는 실제로 합격을 했다. 비법을 주변에 알려줘서 검증도 했다. 이 경우엔 이미 정보를 많이 알고 있기 때문에 준비가 된 상태이다.

그러나 <쿠팡 파트너스>에 대해 책을 쓴다고 가정해보자. 이 키워드가 증가하는 추세이고, 분야도 크며, 경쟁도 없는 데다가 주변에서 실제 수요도 확인했다고 치자. 문제는 작가이다. 많은 사람들이 내가 잘 아는 분야에 대해서 써야 한다고 생각하는데, 그것 역시 선입견이다. 작가가 쿠팡 파트너스에 대해서 잘 모를 수 있다. 그렇다면 이 책을 쓸 것인가 아닌가는 전적으로 작가의 의지와 "학습 역량"에 따라 달렸다. 평소에 디지털이나 상업활동에 대해 기본 지식이 있다면 충분히 배울 수 있다. 이 책을 쓰기에는 오히려 중급자가 전문가보다 더 낫다. 초보의 마음으로 배운 데다가, 배우는 과정에서 "이렇게 하면 더 쉽겠다. 이 부분을 책에서 팁으로 써야겠다."는 생각을 할 것이기 때문이다. 그러나 디지털에 대한 이해도가 매우 부족한 편이고, 이를 실제 써먹기 위한 방법인 소셜 미디어에 대한 경험도 없는 작가라면 배우는 데까지 꽤 많은 시간과 노력을 투자해야 한다.

일곱 번째인 학습 역량에 대해서 점수를 매기는 일은 쉽지 않을 수 있다. 하나하나 점수를 따로 내기보다는, 여러 개의 후보를 펼쳐놓고 등수를 매기면 조금 더 수월하다. 이 중에 내가 가장 자신 있게 배울 수 있는 것은 무엇인가. 시장은 크지만 내가 배우기엔 역부족이라거나, 무엇보다 "마음이 안 내켜서"일 수도 있다. 배점은 낮지만 결코 간과해서는 안 되는 요소임을 기억하자.

8. 선택 - 팔리는 책의 딱 한 가지 이유

3단계는 여러 후보 중에서 여러분만의 주제를 선정하는 것이다. 평가표가 의미가 있으려면 이런 조건을 만족시키도록 노력하자.

1) 팔리는 책의 딱 한 가지 조건은 무엇인가. 그것은 시장성이다. 시장성은 무엇으로 이루어지는가 - 키워드의 크기와 추세 그리고 경쟁 관계에 의해 이루어진다. 작가의 명성이나 전문성은 아주 나중의 문제이다. 여러 비슷한 책이 있다면 그제서야 고려 요소가 된다. **훌륭한 시장성은 독보적인 주제에서 나온다. 처음부터 경쟁할 책이 없도록 만들어버린다.** 그러므로 일곱 가지 평가표를 검토하면서, 큰 그림을 잊지 말자. 부분 부분의 고려 요소들이 결국 바라보고 있는 것은 시장성이다.

2) 후보를 충분히 검토할 것: 내가 잘 쓸 수 있는 분야인데 놓치는 주제가 없어야 한다. 그러기 위해서는 후보를 모든 카테고리와 트렌드를 통해 체크해야만 한다. 후보에 포함돼 있지 않으면 선정될 수도 없다. 최종 후보를 냈는데 스스로를 믿을 수 없다면 그 주제에 대한 신뢰도 역시 낮아질 것이다.

3) 자기 매몰에 빠지지 말 것: 잘못된 전략은 정보의 부재에서 오는 게 아니라 같은 정보를 엉뚱하게 해석하기 때문에 나온다. 아집과 자기 매몰이다. 전문용어로는 확증 편향이라고 한다 (Confirmation Bias). 근거 없는 "나라면 잘 할 수 있을 거야."도 자기 매몰일 수 있지만, 근거 없이 "내가 어떻게 이걸 할 수 있겠어." 역시 그렇다. 그러기 위해서는 어떻게 해야 하는가? 주변 사람에게 물어보자. 기왕이면 아무것도 모르는 주변 사람보다는 블로그 이웃처럼 소셜 미디어의 인맥에 도움을 청해보자. "내가 이런 것을 하고 있는데, 이런 근거로 이렇게 점수를 냈어요. 어떻게 생각하세요?"와 같이 간단한 질문이면 된다. 한 사람의 타인에 대한 관점은 꽤 정확해서 의외의 혜안을 얻을 수 있다. 예를 들면 "평소에 인테리어에 대한 글을 자주 올리시잖아요. 남다르다고 느꼈거든요. 그건 왜 후보에 없어요?"와 같다. 그게 아니라면 내게 상담이나 코칭을 요청해도 좋다.

4) 주제를 정했다고 해서 그것이 곧 콘셉트나 제목이 되지는 않는다. 그러므로 너무 디테일하게 생각하지는 말자. 임시 제목이면 충분하다. 나머지는 쓰면서 다듬으면 되기 때문이다. 지금은 시장성 있는 주제를 택하는 과정이고 (분야-S), 타깃 독자(T) 와 차별화 (P) 관점에서 완성된 콘셉트를 만들면 된다. 첫 술에 배부

를 수 없다. 완벽한 주제를 만들기 위해 초반부터 힘빼기보다는 "나는 대략 이러이러한 주제를 쓰겠다"는 생각이면 된다. 주변에 말한다고 생각하면 조금 더 쉽다. "무슨 책을 쓰세요?"라는 질문에 "저는 이런이런 책을 쓰려고 합니다."라고 답한다고 생각해보자. 듣는 이가 쉽게 이해한다면 합격이다. 그러나 듣는 이가 잘 이해하지 못한다면 그 이유는 작가한테서 찾아야 할 것이다.

큰 그림과 작은 그림을 적절하게 보면서 자신만의 주제를 결정지어야 한다. 2단계 이후부터는 주제에 대해서는 뒤돌아보지 않아야 한다. "괜히 이주제로 했나", "더 쉬운 걸로 할 걸 그랬나"처럼 생각하면 안 된다.

3부

작가를 위한 출간 기획서

출판에 경험이 없는 작가들은 출간기획서의 필요성이 와닿지 않을 수도 있다. 출간기획서는 왠지 남에게 보여주기 위한 것처럼 느껴질 수 있다. 출판사에 투고를 한다거나, 아니면 누구한테 검사를 맡을 때나 쓸 거라고 생각할 수도 있다.

- **내 젊은 날에 보내는 비밀 레시피 출간 기획안**
  - 카테고리: 실무 직장인의 자기계발
  - 제목(가제): 내 젊은날에 보내는 비밀 레시피 (부제: 1프로만 더 전략적이면 10배 더 똑똑해진다)
  - 핵심 주제: 어떤 직장 동료가 스마트하고 전략적으로 보이는 이유는 무엇일까. 그들이 내가 넘볼 수 없는 특별한 능력이 있어서가 아니다. 누구나 간단한 방식과 도구로 그렇게 될 수 있다. 어리숙했던 저자가 글로벌 전략가로 살아남으면서 터득한 팁을 알려준다.
  - 저자소개: 4개국적 글로벌 브랜드 전략팀의 리더를 수행했다.
  - 타겟독자: 전략적이고 스마트하게 일하고 싶지만 어려운 책이나 복잡한 방법을 피하고 싶은 직장인 누구나. 관리자가 되기 전에 스마트하게 일하는 팁을 배우고 싶은 실무진. 똑똑하다는 평가에 목마르지만 지름길을 찾고 있는 직장 초년생.
  - 콘셉트: 명문대도 아니고 유학파도 아닌 저자는 전략적이지 못하다는 열등감으로 직장을 시작했지만 결국 글로벌 기업에서 전략으로 밥벌이를 하게 되었다. 그 와중에 발견한 간단하지만 기발한 팁들은 특별히 똑똑하지 않은 평범한 직장인들이 매일매일 사용할 수 있는 도구가 될 것이다.
  - 목차
    1부 부트캠프: 스마트하다는 것의 원칙과 구성요소
    2부 베이스캠프: 알아두면 스마트해지는 핵심개념들
    3부 하이캠프: 응용할 수 있는 팁과 잔기술
    에필로그 - 태도와 마음도 전략적일 수 있다

하지만 출간기획서는 작가 자신을 위해서 반드시 필요하다.

3부에서는 뻔하고 이론적인 출간기획서가 아니라, 실제 책을 쓰는 데에 도움이 되는 출간기획서를 쓰는 방법에 대해 다룰 예정이다. 이는 브랜드전략가로써 시장성을 공략하는 내 경험, 그리고 작가워크샵을 통해 예비작가들에게 강의하고 실습했던 내용 중 핵심을 골라 담았다.

출간기획서를 반드시 써야 하는 이유

출간 기획서는 꼭 써야만 한다. 내가 작가워크샵을 진행할 때에 예비작가들이 내 '허락'을 맡아야만 다음 단계로 넘어갈 수 있는 두 가지가 있었다. 하나는 출간기획서이고 다른 하나는 서문이다. 내가 이 두 가지에 대해서 오케이하면 그 다음부터는 작가들이 본문을 쓰는 형식이었다. 그만큼 출간기획서가 중요하다. 그 이유는 이렇다.

1. 명확한 주제: 글이 앞으로 쭉쭉 뻗어나가지 못하는 주요한 이유가 있다. 작가가 자신이 말하고 싶은 것을 정확하고 명료하게 알지 못하기 때문이다. 머릿속에 맴돌지만 정확히 문장으로 표현할 수 없다면 큰 문제가 아닐 수 없다. 이것을 정확하게 짚고 넘어가지 않고 "일단 시작하고 보자"라고 한다면 시간 낭비일 수 있다. 자신이 하고 싶은 이야기를 명확하게 표현하는 방법은? 적고, 수정하고, 보여주고 또 수정하기를 반복하면 된다.

2. 피드백: 자신이 하고 싶은 말을 주제로 적었다고 치자. 그 주제가 시장성이 있는 것인지, 더 다듬을 부분이 있는지 검토할 필요가 있다. 앞서 자기매몰에서도 이야기했지만, 나 혼자만의 생

각에 빠진다면 시장성을 확보할 리가 없다. 해당 주제에 대해 이미 호기심이 있는 사람들에게 피드백을 받으면 가장 좋다. 쿠팡 파트너스라면 집에서 하는 수익 다각화와 "N잡러" 같은 개념에 관심 있는 사람에게 물어볼 수 있다. 무엇으로 피드백을 받을까? 만나서 주절주절 이야기해서는 곤란하다. 종이 한 장으로, 20초 이내로 설명할 수 있는 요약본이 좋다. 실제 헐리우드에서는 영화 기획자를 만나면 5분 이내의 시간 안에 자신의 시나리오를 설명해야 한다. 이를 로그라인이라고 한다 (Log Line, 내 유튜브 채널에서 이에 대해 설명한 적이 있다). 책을 쓰는 작가라면 이 정도는 준비가 되어 있어야 제대로 된 타깃에게 값진 피드백을 받을 수 있다. 그 로그라인이 무엇이냐? 바로 출간기획서이다. 즉 출간기획서에 자신의 주제와 타깃과 효용성에 대해 요약해두면 제대로 시장성을 검증할 수 있다.

3. 자기관리: 글을 쓰는 것은 그 어떤 것보다 자기관리가 필요하다. 글쓰기는 누구에게 대신 맡길 수 있는 게 아니다. 게다가 본업이 있다면 매일 두세 시간을 내서 집중한다는 것은 쉬운 일이 아니다. 막상 책상 앞에 앉는다고 해서 바로 글을 쓸 수 있는 게 아니다. 워밍업이 필요하다. 아마 책을 써본 사람은 동의할 것이다. "내가 어디까지 했더라?"는 기본이고, "내가 무슨 이야기를

하려고 했더라."를 곰곰이 생각하는 경우가 많다. 뿐만 아니다. 가끔씩이지만 아주 근본적인 방향을 잊어버릴 때가 많다. "내가 이 책을 왜 쓰려고 했지?", "내가 진짜 하고 싶은 말이 뭐였지?"와 같은 질문이다. **이런 상황이 왔을 때에 재빨리 나 자신을 작가로 되돌려 놓아야 한다.** 그렇지 못하면 그 날은 한 글자도 쓸 수 없을 확률이 높다. 그 다음 날에 작가 자신이 돌아오면 좋겠지만, 불행하게도 한번 잃어버린 감은 쉽게 돌아오지 않는다. 어쩌면 이미 써놓은 글과 뭔지 모르게 이질감을 느낄 수도 있다. 이렇게 '백지화' 되는 상황을 감안해 미래의 자신에게 글을 써둔다고 생각해보자. 신속히 작가로 돌아갈 수 있게. 내가 하던 이야기가 무엇인지 핵심만 들려줄 수 있게. 그런 글이 어디 있나? 출간기획서이다. 출간기획서는 작가 자신을 계속 그리고 효율적으로 쓸 수 있게 하는 자기관리 방법이다.

4. 전략: 출간기획서를 쓰면 전략적이 된다. 전략은 이기는 방법이다. 출판에 있어 전략적이란 무엇인가? 우리가 이 책의 초반에서 약속한 것처럼 잘 팔리는 책을 만드는 설계도이다. 잘 팔리려면 단 한 가지가 중요하다고 했는데, 그것은 작가의 전문성이나 책 내용의 풍부함 같은 선입견과 달랐다. 잘 팔리는 책은 시장성이 중요했다. 시장성은 시장의 크기와 그 안에서의 경쟁상황 같은 일

곱 가지 요소에 의해 결정된다. 이 요소를 조금 더 전략적인 용어로 풀어보면 1부에서 이야기한 STP였다. 출간기획서를 쓰면 STP에 대해 정리하게 된다. 출간기획서에서 던지는 주요 질문이 STP를 반영하기 때문이다. 물론 여기에 대해서 칸 채우기로 끝낸다면 제대로 된 STP를 갖기는 어려울 것이고, 제대로 된 전략이나 시장성도 나올 수 없다.

3단계: 똑똑한 출간기획서

출간기획서는 누가 만드냐에 따라 다르다. 내가 생각하기에 가장 중요한 요소는 5개이다. 대부분의 출간기획서에서 자주 보이는 요소이기도 하다.

1. 카테고리 (분야)

이 책은 어떤 분야의 책인가? 여기에도 속하고 저기에도 속한다는 식으로 말하면 곤란하다.

우선 여러분이 쓰는 책은 시장성이 강화될 것이며 따라서 실용서이다. 이는 당연하지만 예비작가들이 곧잘 잊어버리는 사실이기도 하다. 어느새 쓰다 보면 교양서나 에세이처럼 되어 버리기 때문이다. 따라서 실용서답게 밀고 나가는 집중력이 필요하다. 이에 대해서는 뒤의 서문 쓰기에서 제대로 다룰 예정이다.

카테고리는 처음 후보 주제를 정하면서 친숙해졌을 것이다. 그 중에서도 우리가 눈여겨봐야 할 카테고리 역시 한번 언급했다. 왜냐면 이 카테고리는 검증된 큰 시장이기 때문이다.

2부 1장에서 소개한 카테고리는 이러했다.

- 재테크 - 주식 (마흔에 시작하는 주식공부 5일 완성)

- 재테크 - 부동산

- 재테크 - 성공학/부자되기 (가계부)

- 육아/자녀교육 (아이를 위한 돈 감각)

- 학습법 - 초등 (고사성어, 초등 글쓰기 기적)

- 학습법 - 영어 (엄마표 생활 영어)

- 자기계발 - 경력관리/성공학/시간관리/처세술/
  삶의 자세 (해빙/김미경/새벽기상/상처치유)

- 자격증/수험서

- 어린이 - 탐정

- 건강 - 요가/다이어트

- 취미 - 손글씨

- 취미 - 요리

- IT - SNS - 유튜브/블로그/인스타그램

2부의 평가 방법을 통해 걸러진 책 주제가 이 카테고리 중 일부인가? 만약 그렇지 않다면 1부에서 뭔가가 잘못되었을 확률이 있다. 여기에 속하지 않았는데 평가표에서 살아남은 합리적인 이유가 있다면 그것은 오히려 새로운 발견일 수도 있다.

한 개의 카테고리에 집중해야 하는 이유

왜 하나의 카테리여야 하는가. 그래야 더욱 날카로운 주제 의식을 가질 수 있기 때문이다. 또한 그래야만 시장성을 확보할 수 있기 때문이다.

함께 워크샵을 진행했던 어느 작가의 예시를 보자. 작가는 건강에 대한 이야기를 쓰고 싶어했다. 개인적으로 병을 앓아 힘들었고 그 과정에서 알게 된 정보와 노하우를 책으로 쓰려고 했다. 잘못된 게 전혀 없다. 내용을 들어보니 참신했다. 하지만 본의 아니게 그 작가의 출간기획서에 여러 번 태클을 걸게 되었다. 카테고리 때문이었다.

작가가 말하는 내용은 건강 중에서도 아주 일반적인 것에 해당한다. 건강>일반, 건강>자연치료 또는 질병치료/예방 카테고리이다.

잘 팔리는 책의 딱 한 가지 이유를 기억하는지 모르겠다. 시장성이다. 작가가 하고 싶은 이야기의 진정성이나 전문성은 시장성을 결정하지 않는다. 건강에 대한 일반적인 교양상식이나 예방에 대한 내용으로는 강력한 시장성을 만들기 어렵다. 왜인지는 이 내용으로 2부의 일곱 가지 요소에 따라 점수를 내보면 알 수 있다.

따라서 나는 작가에게 일반건강이 아닌 다이어트나 피부미용으로 접근할 것을 권했다. 그렇다고 내용이 아주 달라지는 것은 아니었다. 작가가 하고 싶은 내용을 그대로 전달하면서도 다이어트나 피부미용적 효과로 틀을 잡은 것 뿐이었다. 실제로 작가의 조언대로 몇 가지 습관을 고치고, 어렵지 않은 팁을 가미하면 화학적이지 않은 방법으로 다이어트가 되고 피부가 좋아지기 때문이다. 건강이라는 것은 다이어트와 매끈한 피부라는 겉모습으로 나타나는 것 뿐이다.

이렇게 작가와 조율하고 나자 워크샵에 참여했던 다른 예비작가들 모두 만족했다. 물론 기획하는 나 역시 매우 흡족했고, 작가 역시 스스로에게 던지던 "이게 될까?"라는 의문을 던져버리게 되었다. 이 참여자는 훗날 멋진 작가가 될 것이다. 내가 믿는 몇 분 중 한 분이다.

자, 다시 처음으로 돌아가보자. 이 작가의 카테고리는 건강>일반인가, 건강>다이어트인가. 비슷해보이지만 무엇을 선택하느냐에 따라 결과는 하늘과 땅 차이다. 시장성에 결정적인 영향을 미친다. 이 책의 서두에 말한 것처럼, 무엇을 쓸지 결정하는 순간 시장성은 결정되기 때문이다.

출간기획서에서 카테고리는 단답형이다. 서술형으로 뭔가를 설명하려고 하면 이미 단순 명료하지 않다는 뜻이다.

2. 집필 의도

집필 의도는 경우에 따라 다른 이름으로 불린다. 핵심 주제, 포지셔닝, 콘셉트 등이다. 말 그대로 "왜 이 책을 썼는가?"에 대한 답이다.

출간기획서는 한 장으로 요약된 형식이다. 카테고리는 단 한 줄로 설명했다. 집필 의도는 통상 약 200자 내외로 작성한다. 단어로 치면 약 50단어이다.

출간기획서의 집필의도에 대한 예시는 이렇다.

<150년 하버드 글쓰기 비법>, 송숙희.

하버드 대학교는 150년 가까이 글쓰기 수업에 공을 들여 왔다. 그 핵심은 쓸거리를 조직하는 논리적 사고이다. 논리적 사고의 틀인 OREO 기술을 배우면 누구라도 쉽게 글을 쓸 수 있다. 이 책은 글쓰기 기술을 개발하고 싶은 독자에게 OREO 사고법을 통해 글과 사고 능력을 향상시켜 줄 것이다.

<이래도 위탁판매가 어려워요>, 마작가.

위탁판매로 쇼핑몰을 운영하면 소자본으로 창업이 가능하며 실패해도 위험 부담이 적다. 쇼핑몰 경험을 살려 다른 사업으로 확장이 가능하다. 경제적 자립을 통해 인생2막을 설계하는 독자라면, 아무런 배경 지식이 없어도 이 책을 따라하면서 창업할 수 있도록 절차와 노하우를 담았다. 대부분의 독자는 1주일 안에 창업을 하고 사장이 되어 첫 주문의 기쁨을 누릴 것이다.

실용서는 아니지만 인문 카테고리의 집필 의도도 참고해 볼 만하다.

〈방황하는 사람은 특별하다〉, 마작가.
이 시대 방황하는 사람들은 특별한 존재다. 거룩하고 특별한 욕구를 가졌기 때문이다. 이들은 자신이 가진 것 이상이 되고 싶어한다. 방황하는 독자들이 자신의 고유성을 발견하고 진짜 인생을 되찾길 바란다. 작가의 방황기와 함께 브랜드전략가로써 사회과학적 근거를 제시했다. 자신을 특별하고 고유한 존재로 인식하고 이 시대를 헤쳐나가기 바란다.

좋은 집필 의도의 조건

집필 의도를 잘 쓰려면, 지금부터 설명하는 요소가 잘 포함되어야 한다. 글을 쓰기 전에 항목별로 미리 메모를 하면 좋다.

1. 독자: 내가 말하려고 하는 독자는 누구인가.

2. 독자의 욕구: 독자들이 책을 통해 풀고자 하는 욕구는 무엇인가.

3. 독자의 변화: 이 책을 통해 독자는 어떤 변화를 기대할 수 있는가.

4. 변화의 도구: 작가는 독자의 욕구와 변화를 위해 어떤 핵심적인 도구를 사용할 것인가. 그 도구는 무엇이 특별하고 가치 있는가 – 혹은 그러한 근거는 무엇인가.

경우에 따라 출간기획서에 "타깃 독자" 란을 별도로 기재할 수도 있다. 하지만 잘 된 집필 의도라면 이미 타깃 독자가 누구인지 정의했기 때문에 중복해서 쓸 이유는 없다. 원한다면 집필 의도에서 독자만 따로 떼어 2-3줄로 분리할 수 있다.

3. 저자 소개

저자 소개는 두 가지 방향으로 접근해야 한다.

1. 작가가 경쟁력 있는 이력을 갖고 있는 경우

<150년 하버드 글쓰기 비법>의 경우, 송숙희 작가는 이미 글쓰기와 관련한 다수의 책을 집필했다. 강의 이력도 화려하다. 글쓰기 관련한 일을 10년 넘게 했다. 이런 경우엔 자신의 이력 중 "글쓰기"와 관련한 것들을 뽑아내서 스토리로 만드는 것이 중요하다.

초보 작가들의 경우엔 '아이의 엄마'라던지, '독서를 사랑한다'던지 하는 소개글을 쓰기도 하는데, 이는 정밀하게 의도한 게 아니라면 독자들의 기대와 확신에 아무런 도움을 주지 못한다. 우리가 쓰고 있는 것은 실용서이고 시장성 있는 책이다. 독자가 찾는 것은 이 책이 내가 원하는 대로 쉽고, 빠르고, 친절하게 왕초보의 위치에서 탈출시키는가이다. 이력 중에 주제와 관련된 분야만 뽑아서, 독자가 끄덕일 만한 스토리로 바꾸자.

2. 작가의 이력이 없는 경우

첫 책을 쓰는 작가의 경우엔 이력이 적을 확률이 많다. "그래도 어느 정도 이력은 있어야 책을 쓸 수 있지 않나요?"

아니다.

여기에 대해서는 1부 1장의 기본가정에서 짚고 넘어갔다. 책을 쓰기 위해서 그 분야의 전문가일 필요가 없다. 이 인식의 벽을 넘어야만 한다. 그래야만 작가는 큰 시장으로 진입할 수 있다.

작가의 이력이 없다고 전혀 상관없는 것만 적을 수는 없다. 그렇다고 거짓말을 하면 나중에 다 들통이 나게 되어 있다.

작가의 이력이 탄탄하지 않다면, 관련 있는 경험들로부터 뽑아낼 수 있다. 키워드는 "라이프 스타일" 그리고 "노력"이다.

"내가 내세울 만한 성과는 없지만 평소에 늘 주제와 관련한 삶을 살고 있고, 늘 발전하기 위해 노력하고 있다."는 스토리면 충분하다. 독자가 작가 소개를 보고 "아, 이 주제에 대해 쓸 만한 사람이구나." 이렇게 생각하면 충분하다.

정말 그 정도로 충분할까? 그렇다. 하버드 연구 조사 결과에 따르면, 남에게 부탁을 하거나 설득을 할 때에 "왜냐면"이라는 이유를 붙이는 것만으로도 월등한 효과가 있다. (이에 대한 콘텐츠는 내 유튜브 채널에서 "왜냐하면"이라는 키워드로 검색하면 찾을 수 있다.) 이를 테면 작가는 독자에게 "저는 여러분 왕초보들에게 정확하고 진짜 필요한 정보만 골라서 쉽고 친절하게 알려드릴게요. 왜냐면, 저는 그 분야에 대해 관심이 많고 늘 노력하는 사람이거든요." 왕초보들은 오히려 너무 복잡한 것을 싫어한다. 독자들이 끄덕일 만한 "왜냐면"을 만들면 된다.

일례로 <이래도 위탁판매가 어려워요>에 들어간 저자 소개는 이렇다. 2020년 출판 당시의 저자 소개이다. 쇼핑몰에 대한 이야기는 전혀 없다. 하지만 이 책은 "개인의 독립"이라는 키워드 때문에 독자들이 고개를 끄덕인다. 단 그 한 마디 때문이다. 나는 쇼핑몰 전문가가 절대 아니다. 하지만 이 책은 예스이십사에서 베스트셀러로 선정되었고 지금도 꾸준히 수익을 가져다 주고 있다.

<이래도 위탁판매가 어려워요> 저자소개

강원도 춘천에서 태어났고 서강대학교를 졸업했다. 국내 중견기업을 거쳐 외국계 회사에서 4개 국적의 글로벌 브랜드 마케팅 팀 리더 그리고 아태지역 전략 트레이너로 활동했다. 2020년에 미디어 마케팅 회사를 세워 독립했다. 저서 <육림공원 원숭이>와 <내 젊은 날에 보내는 비밀 레시피>가 있다. 개인의 독립과 1인기업 퍼스널브랜딩에 대해 컨설팅과 강의를 병행하고 있다. 유튜브 채널 <마작가입니다>에서 자기발견과 퍼스널 브랜딩, 상업적 자기정체성에 대한 컨텐츠를 만날 수 있다.

4. 제목

제목 짓기는 여기에 따로 책이 있을 만큼 광대한 마케팅 분야이다.

사람들은 좋은 제목을 짓기 위해 지나치게 창의적으로 생각하는 경향이 있다. 자기 혼자만 창의적이면 안 된다. 공감 없는 창의성은 엉뚱함으로 보일 수 있다. 좋은 제목을 위해서 이 사실을 기억해 두면 좋다.

1. 제목은 책을 요약한 게 아니다: 예비작가들은 책의 내용을 잘 전달할 수 있는 제목에 집착하는 경향이 있다. 제목은 책을 단순하게 요약해서는 창의적이기 어렵다.

2. 제목은 독자의 욕망과 닿아 있어야 한다: 책 내용을 생각하기보다는, 이 책을 찾을 독자들을 생각하자. 독자들이 이 책을 통해 만족시키고자 하는 욕구는 무엇인가. 어떤 욕구가 독자를 움직여 책을 찾게 하는가. 이 욕구를 건드릴 수 있는 제목을 찾아야 한다. 영어 때문에 진급이 안 되는 만년 과장은 어떤 욕구를 갖고 있나. 그에게는 "영어 학습법"류의 제목보다는 "너 아직도 과장이

야? 그놈의 영어가 뭐라고."식의 제목이 더 와닿을 것이다. 그렇다고 책 내용이 진급에 대한 내용인가? 그건 아니다. 책을 요약하려고 애쓰다 보면 제목은 뻔하고 고루해진다. 욕망을 생각하자. 욕망은 독자 중심으로 생각하면서도 창의적이게 만드는 관점이다.

3. 예비독자의 도움을 받으라: 아무나 친한 사람에게 물어보라는 뜻이 아니다. 실제 이 분야에 대해 관심이 있을 만한 사람에게 요약된 출간기획서를 건네고, 제목 후보 중 하나를 골라달라고 부탁하자. 네이버나 구글에 익명으로 설문을 할 수 있는 툴이 잘 되어 있다. 열 사람에게 물었는데, 대부분이 좋아하는 제목이 있다면 그 제목을 쓰지 않을 이유가 없다. 왜냐면 잘 팔리는 책은 시장성에서 나오고, 시장성이란 규모와 수요를 뜻하기 때문이다.

4. 최신 트렌드를 이용하라: 모든 책은 상품이다. 실용서는 더더욱 그렇다. 상품화가 중요하다. 책 제목이나 부제에 최신 유행하는 키워드를 조합하자. 왜 그래야 하는가? 유행하는 키워드는 수요가 크다. 사람들이 자주 찾는다는 말이다. 그 과정에서 여러분의 책이 노출되는 기회가 생긴다. 구매가 이뤄지려면 일단 노출이 잦아야 한다. 트렌디한 키워드가 그 역할을 한다. 노출된 이후 실제 구매로 이어지는 전환에서도 그렇다. 최신 키워드가 있으면 책은

독자에게 더 높은 관여도를 불러일으키고 '내 이야기 같다'는 느낌을 전달한다.

5. 책 소개

　책을 한 장으로 요약하면 출간기획서다. 그리고 이 출간기획서를 500단어 내외로 요약하면 책 소개가 된다. 책 소개에서는 내용을 요약하면서도 이 책만의 매력을 드러내야 한다. 만약 교보문고나 예스이십사 같은 서점에서 어떤 책을 보았다면, 가장 처음 나오는 글이 바로 책 소개이다.
　누군가 "그 책 뭐야?"라고 물었을 때에, 30초 안에 설명할 수 있는 정보이다. 따라서 미리 언급한 "로그라인 Logline"에 가장 가깝다. 출간기획서의 내용 중 가장 핵심이 되는 내용만 압축해서 4-5줄로 다시 쓴다고 생각하자. 다시 한번 이야기하지만 요약이 아니다. 필요하다면 은유나 트렌디한 콘셉트를 응용해도 좋다.

책 소개에 반드시 들어가야 하는 내용

1. 독자: 독자의 니즈와 독자에게 가져다 줄 변화
2. 핵심 도구: 변화를 가져다 줄 방법
3. 저자소개 중 가장 중요한 내용과 핵심적인 집필의도: 스토리텔링은 이런 개념을 단순하게 표현할 수 있는 최고의 도구이다. 이에 대해서는 4부의 〈사로잡는 서문〉에서 핵심적으로 다룰 것이다.

6. 목차

출간기획서에 목차가 들어가는 이유는 무엇일까. "검증"이다. 집필 의도나 책 소개는 다소 추상적이다. 그래서 출간기획서에서 설정한 목표를 어떻게 풀어갈 것인지 피부에 와닿지 않는다. 상상이 되지 않는 것이다.

목차는 그 역할을 한다. 목차만 보고도 책이 어떻게 전개되는지 그림이 그려진다.

목차를 완성하고 나면 책을 완성하게 되는 확률이 확연히 높아진다. 반면 목차에서 갈피를 잡지 못한다면 원고는 절대로 진화하지 않는다. 이는 내가 직접 작가워크샵을 진행하며 느낀 점이다. 목차가 완성도가 있고 작가가 확고하다면 원고는 어떻게든 마무리된다. 반면 목차에서 확신이 없다면 작가는 그렇게 예비작가로써 머문다.

그러나 나는 목차를 어떻게 써야 하는지에 대해 누가 속시원하게 설명하는 것을 본 적이 없다. 목차가 이렇게 중요한데 "해 본 사람만이 알 수 있다"고 말하고 싶지는 않다. 내 생각엔 목차가 책쓰기의 성패를 결정한다. 내가 생각하는 글쓰기의 네 번째 핵심 단계는 목차이다. 그래서 별도의 챕터를 구성해 목차에 대해 이야기해 볼까 한다.

4단계: 무릎을 탁 치는 목차

목차 실습 지침

지금부터 하는 실습을 세 번 반복하면 누구나 탄탄한 목차를 갖게 될 거라고 생각한다. 목차를 어려워하는 예비작가들이 이 방법으로 도움을 많이 받았다. 내가 직접 목격했다.

실습 지침

1. 독자를 최대한 구체적으로 설정한다.
2. 독자가 궁금해 하는 내용을 작가가 직접 가르쳐 주고 설명해야 한다.
3. 조건이 있다.

1) 독자는 왕초보다. 2) 독자는 시간이 30분밖에 없다. 3) 30분이 지났을 때에 독자는 "아, 이제 어떻게 하는지 알겠어요."라고 말할 수 있어야 한다. 독자가 여러분을 믿고, 블로그나 그밖의 소셜 미디어를 자발적으로 팔로우 할 만큼 만족시켜야 한다.

워드 프로그램도 좋지만 작은 노트와 펜을 준비하면 더 좋다. 핵심 단어 위주로 순발력 있게 적을 것이기 때문이다.

세 가지 조건의 이유

1) 독자는 왕초보다: 이는 실용서 쓰기의 아주 중요한 가정이다. 초보, 입문용 실용서에서 독자가 가장 원하는 것은 무엇인가. 독자는 그 대상이 (책에서 설명하고자 하는) 도대체 무엇인지, 그리고 그 기술은 어떻게 하면 배울 수 있는지 알고 싶다. 입문자의 특징은 무엇인가. '쉽고 친절하게'가 중요하다. 쉽고 친절하게 가르쳐주기 위해 전문가일 필요는 없다. 오히려 중급자가 적합하다. 그 방법을 배운지 얼마 되지 않아 초보자의 마음을 헤아릴 수 있기 때문이다. 왕초보에겐 흥미를 잃지 않으면서 아주 기본적인 방법을 습득시키는 게 중요하다. 어린이들에게 수학과 영어를 어떻게 학습시키는지 보라. 여기에서 통찰력을 얻을 수 있다. 여러분이 30분 안에 설명해야 할 내용은 아주 기초적이고 흥미로워야 한다. 어려운 내용이 들어가서는 안 된다. "아니 이런 것까지 설명해줘야 하나?" 싶을 정도로 초보적인 내용을 친절하게 풀어 설명해보자. 그 자체가 책의 차별점이 될 수 있다.

2) 독자는 시간이 30분밖에 없다: 이 가정은 중요한 방향성을 품고 있다. 왕초보 독자가 30분 안에 자신이 원하는 것을 알아야 한다!

쿠팡 파트너스에 대해 아무것도 모르는 왕초보가 30분 안에 시작할 수 있는 지식과 확신을 가져야 한다면? 본론으로 바로 들어가야 한다. 쿠팡이 왜 파트너스를 하려고 하는지, 아마존이 제휴 마케팅(Affiliate Marketing)으로 미국에서 어떻게 성공했는지, 앞으로 쿠팡의 미국 상장이 어떤 변화를 가져올지는 중요하지 않다. 지나가면서 한 마디 툭 내뱉거나, 그게 아니라면 하지 않는 편이 낫다. 왕초보 독자는 궁금한 것이 정해져 있다. 빨리 그것에 대해 듣고 싶다. 뜸들이며 30분이라는 제한된 시간을 허비할 이유가 없다.

공항에서 키오스크를 이용해 탑승권을 발급하고 짐을 부치고 싶다고 쳐보자. 누군가 여러분에게 설명을 시작한다. 키오스크란 무엇인가. 공항에서는 왜 키오스크를 운영하는가. 키오스크의 장단점은 무엇인가. 이런 질문 따위는 전문가들이 지식을 과시하기 위해 하는 말이다. 30분 안에 이 왕초보가 발권을 하게 만들려면 본론으로 들어가야 한다. "자, 첫번째. 키오스크에서 언어를 선택하세요. 이렇게 누르면 됩니다."

워크샵에서 실용서 쓰기를 지도할 때에 이 시간 제한은 아주 유용하다. 예비작가들은 선입견에 따라 목차를 만든다. 보통 교양서를 많이 참고한다. 그래서 그것이 무엇인지 정의하고 설명하는 데에 공을 들인다. 실용서는 그럴 필요가 없다. 실용서의 목적은 지식 그 자체보다는 방법을 알려주는 것이다. 여러분의 목차에도 혹시 서설이 너무 길지 않은가? 만약 30분 안에 그것을 구두로 설명해야 한다고 해도 여전히 남겨둘 것인가? 그게 아니라면 과감하게 요약하거나 빼는 게 낫다.

3) 독자의 변화: 이 조건 역시 아주 직설적이다. 30분 안에 왕초보에게 변화를 이끌어낼 수 있는가? 책의 목적은 자신이 아는 바를 펼쳐놓는 게 아니다. 실용서라면 독자에게 변화를 이끌어내야 한다. 쿠팡 파트너스에 대한 왕초보가 30분의 설명을 듣고 나서 "아, 네. 이제 제가 무엇부터 시작해야 할지 알겠어요. 일단 쿠팡 파트너스에 가입을 하고 블로그를 만들어야겠네요."라고 말할 수 있어야 한다. 이것이 변화다. 책을 읽고 나서 독자가 행동으로 옮길 수 있는 구체적인 절차가 없다면 출간기획서를 근본적으로 다시 검토해야 한다. 이것이 시장성의 주요 골자였기 때문이다.

목차 작성하기

작가에 따라 목차도 개성을 갖는다. 그러나 아주 통상적인 경우 목차는 3개에서 5개의 대단원을 갖는다. 통상 1부, 2부, 3부라고 부르는 대주제이다. 그리고 각 부마다 4-5개의 소주제, 장, 혹은 챕터를 갖는다. 책 전체적으로는 20개 내외의 장으로 구성되는 셈이다. 예를 들어 이 책은 5부로 이루어져 있으며, 각 부 안에는 약 3-4개의 장으로 구성되어 있다.

목차를 작성하는 방법

1. 실습: 앞서 이야기한 실습대로 이야기를 해본다. 일종의 역할극, 롤플레이 (Role-play) 라고 할 수 있는데, 팀원이 없다면 혼자 적어보거나 녹음을 하는 것도 방법이다. 목차를 쉽게 생각했다면 다행이지만, 만약 목차 뽑기가 어렵다고 느낀다면 반드시 실습을 해야 한다. 어려움을 겪고 있다면 목차는 생각만으로는 나오기 어렵다. 직접 입으로 말하는 과정에서 자신의 생각을 정리하게 되고 적극적인 사고가 (Proactive Thinking Process) 시작되기 때문이

다.

2. 순서를 기록: 작가가 화자로써 가상의 독자에게 말한 내용을 순서대로 기록한다.

3. 순서를 비슷한 것끼리 묶거나, 합친다. 또는 단계 하나가 너무 방대하다면 여러 개로 쪼갠다.

목차 작성의 예시

실제 수익형 책쓰기 워크샵에서 수 십 개의 사례를 다루었다. 그중에 하나를 예시로 들어 본다. 위에서 설명한 사례가 이론적이고 포괄적이라고 느낄 수 있기 때문이다.

목차 실습의 3가지 지침이 어떻게 작용하는지 눈여겨 보기 바란다. 워크샵에서는 내가 독자 역할을 했고, 작가가 답을 하는 형식으로 진행했다.

가제: <하루만에 배우는 타로 운세 보기>

독자: 실업계 고등학교를 졸업하고 바로 취업한 스물 한 살의 여성으로, 대기업 전화 상담원을 하고 있다. 최근 소개팅한 남자와의 연애 운세와 자신의 직장운에 대해 주기적으로 전화 운세를 본다. 하지만 요새 타로가 유행하고 널리 보급되면서, 이를 직접 다루는 유튜버들이 눈에 띈다. 자신이 직접 타로를 볼 수 있다면 더 좋겠다는 생각을 하고 있다.

독자: 안녕하세요, 선생님.

작가: 안녕하세요, 반가워요. 타로에 대해서 아무것도 모른다고 하셨죠? 제가 오늘 타로 보는 법을 가르쳐드릴게요. 자, 우선 타로가 뭔지 아세요? 타로가 왜 시작되었는지?

독자: 아니요.

작가: 자...

독자: 선생님, 잠시만요. 제가 지금 30분밖에 시간이 없어요. 점심시간이라서요. 타로가 왜 시작되었는지는 제가 다른 곳에서 찾아볼게요.

작가: 아, 그렇군요. 그럼 타로 카드로 운세를 치는 세 가지 방법에 대해서 알아 볼까요.

독자: 선생님, 죄송하지만 저는 30분 안에 바로 타로를 시작했으면 해요. 타로를 시작하는 데에 그런 걸 다 알 필요가 있나요?

작가는 정신이 번쩍 든다. 그리고 대부분의 실용서 독자는 이런 마음이라는 것을 잊지 말아야 한다. 작가는 이렇게 해서 "왕초보도 30분 안에 변화할 수 있는" 노하우 전수를 시작하게 된다. 불필요한 것은 다 버리고, 진짜 변화를 가져 오는 그것에 집중해야 하는 이유다.

잘 알았습니다. 진짜 바로 실전으로 들어가죠. 대신 역사나 방법은 참고로 사이트를 알려드릴 테니 시간날 때에 보세요. (그렇다. 주변적인 것들은 참고자료나 사이트 주소만 알려줘도 충분하다!)

자, 타로를 꺼낼게요. 타로카드로 운세를 보려면 일단 질문하는 법을 알아야 합니다. 아무렇게나 물어보면 안 돼요. 구체적일수록 좋고, 당장 결정해야 하는 일이면 좋죠. "소개팅 남과 이번 달 안에 사귀게 될까? " 이 질문으로 가보도록 하죠. 질문 잘 하는 방법은 책에 쓰여 있어요. 이 책을 드릴게요.

카드를 섞어요. 섞는 방법은 이래요.

카드를 펼칩니다. 이렇게요.

이제 질문을 떠올리며 왼손으로 3장의 카드를 뽑아요. 5장으로

할 수도 있지만, 일단 당장 시작하기 위해서는 가장 보편적인 방법으로 시작하는 게 좋죠.

됐어요. 이 3장의 카드를 읽는 방법을 가르쳐드리죠. 일단은 읽는 방법만 가르쳐드릴 것이고, 총 78장의 카드가 어떤 의미를 갖는지는 제가 드리는 책에서 사전처럼 찾아서 보세요. 찾다보면 나중엔 외우게 되실 거에요.

연애운일 때에는 이렇게 읽으면 돼요. 자, 첫 번째 카드는 이렇게 지금 처한 상황의 배경이나 과거에 지나온 이야기, 두 번째 카드는 현재의 감정 그리고 그 소개팅 남의 생각이에요. 세 번째 카드는 앞으로 일어날 일이에요. 이런 식으로 읽어요. 어머! 그 분이랑 잘 될 것 같네요. 축하해요.

직업운일 때와 재물운, 건강운일 때에는 읽는 방법이 조금씩 달라요. 그건 또 책에 적어놓았으니 보세요.

자, 어때요? 이제 할 수 있겠죠? 궁금한 점 있어요? 좋아요. 그건 따로 이메일로 답변 드릴게요. 딱 30분이 되었네요. 그럼, 또 만나요.

이 과정과 절차를 그대로 종이에 옮겨적으면 목차가 된다. 여기서 서문을 쓰고, 마지막엔 Q&A로 마무리하면 된다.

목차는 이런 식으로 정리될 수 있다. (실제 이 책은 유튜버 "타

로마스터 나나"로 검색하면 시중에서 만날 수 있다)

목차 : 〈하루만에 배우는 타로 운세 보기〉

저자소개

서문

1부 타로 카드 바로 시작하기

   1) 타로카드 종류

   2) 다양한 타로 카드 구경

   3) 실패 없는 카드 고르는 법

   4) 타로 카드 섞기

   5) 타로 카드 펼치기

   6) 타로 카드 뽑기

2부 타로 카드 바로 리딩하기

   1) 질문을 잘 해야 한다

   2) 운세 보는 사람의 말문을 터트려라

   3) 카드 이미지를 보고 말하기

   4) 카드 리딩하기 : 실전사례와 응용

      *연애하고 싶어요 언제쯤 생기나요?

      *취준생! 면접을 봤는데 붙을 수 있을까요?

*20대 여성입니다. 미래가 암울해요.

　　*나의 썸의 결말은 어떻게 되나요

　5) 자주 묻는 타로 카드 질문 10가지

3부 타로 카드별 특징과 성격

　1) 타로 카드 구성

　2) 메이저 카드 22장 성격과 특징

　3) 마이너카드 56장 성격과 특징

　실습 지침에 따라 구체적인 독자를 선정하고, 독자에게 당장 변화를 일으키도록, 핵심과 본론으로 바로 들어가는 이야기를 해보자. 그 절차와 과정을 친절하게 풀어놓으면 훌륭한 목차의 근간이 된다. 그러나 잊지 말자. 실제 말로 이야기를 해봐야만 한다. 생각만으로는 얻지 못하는 직관적인 스토리를 얻을 수 있다.

　목차는 계속해서 수정할 수 있다. 다만 작가 스스로 확신이 드는 수준으로는 초안을 잡아놓아야 한다. 그 이유는 출간기획서를 쓰는 이유와 같다. 출간기획서는 작가 자신이 먼 길을 항해하는 지도와 나침반 역할을 하기 때문이다.

　출간기획서의 마지막 빈칸이 목차였다. 목차까지 완성했다면 출간기획서는 제 몫을 다 했다. 이제 남은 것은 무엇일까?

　그렇다. 잘 팔리는 책이 무엇인지 이해하고, 기획했다면, 그리고 그 기획을 출간기획서로 구체화했다면 이제 남은 것은 하나다.

책을 쓰는 일이다.

여기까지는 누구나 할 수 있다. 하지만 책을 완성하는 일은 누구나 하지 못한다. 이제부터가 진짜 시작이다.

4부

쓰기의 기술

이 책은 나의 다섯 번째 책이다. 출판된 페이지만 천 페이지가 넘는다. <방황하는 사람은 특별하다>는 에세이와 사회과학을 버무려서 약 350 페이지가 나왔다. 독자 입장에서는 350 페이지가 잘 와닿지 않는다. 하지만 단 한번이라도 책쓰기에 도전한 사람이라면 두툼한 책이 말하는 고통과 시간의 싸움을 직감적으로 이해할 것이다.

작가는 책을 잘 쓰는 사람이 아니다. 작가는 글을 계속 쓸 수 있는 사람이다.

지금 여기까지 이 책의 분량이 약 12,000 단어이다. 12,000 단어면 국판 종이책으로 180 페이지 정도 된다. 책을 쓰는 시간은 얼마나 걸릴까? 여기까지 한 달 정도 걸렸다고 가정해보자. 하루에 400 단어씩 써야 한다. 400 단어면 A4 용지를 11포인트 글씨로 가득 채우는 양이다. 아무 이야기나 쓰는 게 아니라, 독자에게 도움이 될 만한 내용을 정제된 표현으로 써야 한다. 하루에 400 단어씩만 계속 쓸 수 있다면 1년에 책 두세 권을 출판할 수 있다. 문제는 하루에 400 단어 쓰기가 매우 어렵다는 것이다.

책쓰기 수업을 듣는 사람 중에 실제 책을 출판하는 사람은 절반이 안 된다. 왜냐? 하루에 400 단어를 쓰지 못했기 때문이다. 하루에 400 단어를 쓰려면 어떻게 해야 하는가? 어떻게 생각해야 하는가. 무엇이 중요한가. 4부에서는 이 이야기로 시작하고자 한다.

써내는 작가 vs 마음만 작가

써내야 작가가 된다. 그래도 10,000 단어 정도 채우면 책을 출판하기에 손색이 없다. 물론 내용이 중요하지만, 아주 통속적인 이야기로 10,000 단어 정도 되어야 100 페이지가 넘어가고 우리가 목적하는 "팔리는 책"의 대열에 설 수 있다. 소비자와 독자 입장에서 내용이 아주 특출하거나 유명 작가가 아닌 이상, 100 페이지도 안 되는 책에 1만 원 이상을 투자하기는 어렵기 때문이다.

작가를 꿈꿔왔던 사람일지라도 써내지 못하면 마음만 작가로 남는다. 써내는 게 이렇게 어렵다는 좌절을 맛본다. 작가마다 사연이 있겠지만 어쨌든 써내는 작가가 되어야 한다. 써내야 작가다. 써내는 작가가 되려면 이렇게 하라고 조언한다.

매일 2시간

날마다 2시간을 확보하자. 왜 2시간인가? 2시간을 확보해야 1시간이라도 쓸 수 있기 때문이다.

공장을 운영해본 사람은 알 것이다. 딸기맛 사탕을 생산하다가

파인애플맛 사탕을 생산하려면 뚝딱 되는 게 아니다. 기계의 파트를 교체하고, 기존에 딸기맛을 세척하고 파인애플 원료를 넣고 시가동까지 해야 한다. 기계도 이렇다.

사람은 더하다. 여러분이 생계의 번잡함에서, 육아와 가정생활의 분주함에서 손가락만 탁 튕기면 바로 "글쓰기 모드"로 바뀌는 게 아니다.

어제 어디까지 썼더라. 내가 이제 무얼 써야 하더라. 이런 질문을 통해 직전에 글을 쓰던 나와 "동기화" 할 시간이 필요하다.

동기화 하기에 가장 좋은 방법에 대해서는 이미 말했다. 출간기획서이다. 그리고 앞으로 말 할 서문이다. 워크샵을 진행할 때에 나는 작가들이 출간기획서와 서문에 공 들이기를 주문한다. 나 역시 호락호락 넘어가지 않고 깐깐하게 검토하고 피드백 하고 잔소리를 하는 편이다. '일상 속 나'에서 "작가"로 돌아오려면 기계 파트 전환 이상의 노력이 필요하다.

반면에 한번 "작가 모드"가 되면 글이 속도가 붙는다. 책 속으로 빨려 들어간다. 작가 뇌에서는 도파민이 분비되고, 이 순간을 위해 많은 작가들은 책을 쓴다.

매일 글을 쓰면, 이렇게 일상 모드에서 작가 모드가 되는 시간이 빨라진다. 그렇지 않으면 쓰려고 앉았다 하더라도 멍하니 30분이 지나가고, 휴대폰 알람이 울리고, 뭔가를 조사하다 보면 시간이 다

되었다. 작가는 내일을 기약하며 일상으로 복귀한다. 이렇게 몇 일이 흐르면 어떻게 되는가?

써내는 작가에서 멀어지고 마음만 늘 작가가 되길 꿈꾸는 사람이 된다.

매일 2시간만 내게 투자하자. 그래봤자 한 달에서 세 달 사이다. 비행기가 이륙하기 위해서는 지상 모드에서 한참을 세게 달려야 한다. 그래야 무거운 몸뚱이가 드디어 비상 모드로 바뀐다. 이 "자기관리"에 실패하면 써내지 못한다.

하루에 300 단어

책을 많이 써보지 않은 작가라면 하루에 300 단어 써내기를 목표로 세우면 좋겠다. 모든 워드프로세서 프로그램에는 단어 수가 표기된다.

스티븐 킹은 하루에 2,000 단어를 쓴다. 양으로 치면 최고 수준이다. 몇 십 년을 이렇게 썼다. <미저리>, <쇼생크 탈출> 등 그의 작품은 세계 최고 수준이다. 사고로 목숨이 위태로울 때를 빼놓고 스티븐 킹은 매일 이렇게 썼다. 다섯 시간 내외를 쓴다. 보통 사람이 넘보기 힘들다.

무라카미 하루키는 하루에 약 600 단어를 쓰는 것으로 알려져 있다. 그 역시 몇 십 년을 이렇게 썼다. 그리고 나서 밖으로 나가 마라톤을 한다. 당연히 쉽게 쓰여질 리 없다. 어느 날은 1,000 단어를 쓰기도 하고 그렇지 못한 날엔 200 단어만 쓰기도 할 것이다. 어쨌든 하루키 역시 계속 써낸다. 중요한 것은 그것이다. 계속 써낸다.

어니스트 헤밍웨이는 하루에 약 500 단어를 썼다고 한다. 물론 고치고 다시 쓰고 하는 것을 포함이다.

나도 어떤 때에는 1,000 단어씩 쓸 때가 있었다. 소설을 쓸 때에는 300 단어도 너무 힘들었다. 실용서는 내가 이미 알고 있는 내용을 쓰기 때문에, 그나마 "써내기"에는 수월하다.

그래서 나는 여러분이 하루에 300 단어 정도를 쓰면 좋겠다고 하는 것이다. 대단한 학술적인 지식이 아니라, 왕초보를 대상으로 한 절차적 지식과 노하우이기 때문에 가능하다. 300 단어는 보통 사람도 머리를 쥐어 뜯지 않으면서 쓸 수 있는 합리적 수준의 목표라고 생각한다.

어느 날은 300 단어가 수월하게 써질 것이다. 그러면 스스로에게 박수를 보내고 끝을 내라. 내일 이어가면 된다. 어느 날은 300 단어가 정말 안 나올 것이다. 그런 날은 어떻게든 300 단어를 채운다고 생각하고 쥐어짜든 머리를 쥐어박든 끝까지 밀고 나가라. 내용보다는 양에 집중해보라. 그렇게 300단어를 기어이 쓰고 말았을 때에, 여러분은 오래 달리기 골인의 순간보다 더 짜릿한 성취감을 맛볼 것이다. (그렇게 쓴 글이 늘 엉망이냐면 그것도 아니다. 혹시 미흡한 게 있다면 퇴고 때에 고치면 된다.)

하루에 300 단어면, 한 달이면 9,000 단어이다. 여기에 서문이나 목차를 붙이고 약간의 참고자료를 넣으면 10,000 단어이다. 한 달에 10,000 단어를 썼다면 훌륭하다. 두 달에 20,000 단어를 썼다면 이미 작가나 다름 없다. 머릿속에 이 숫자를 늘 기억하고 스스로 관리해야 한다. 하루에 300 단어, 한 달에 만 단어.

5단계: 사로잡는 서문

지금까지 설명한 과정을 요약해보자.

팔리는 책은 좋은 책이 아니다. 그 요건에 맞는 주제를 선정하기 위해 1단계에서 모든 가능한 후보 주제들을 불러모았다. 2단계에서 잘 팔리는 주제를 선정했다. 그 근거는 일곱 가지 항목을 가진 평가표였다. 3단계는 출간기획서를 쓰는 것이었다. 출간기획서는 책을 쓰기 전에 전략적인 방향을 선정하는 중요한 단계였다. 그중에서도 목차는 실제로 책을 쓰기 전의 예비단계에 해당했다. 그래서 4단계는 목차만 집중해서 써내는 작업이었다. 여기까지 했다면 이제 글을 쓸 차례이다. 어떻게 하면 써낼 수 있는지에 대한 노하우와 함께, 글쓰기 원칙에 대해 소개했다.

5단계는 직접 쓰기 시작하는 것이다. 하지만 본문을 쓰기 전에 먼저 서문을 완성해야 한다.

서문이 중요한 이유

서문이 중요한 이유는 출간기획서와 비슷하면서도 다르다. 기억이 나지 않는다면 3부를 시작하며 이야기했던 <출간기획서를 반드시 써야 하는 이유>를 다시 읽어보길 권한다. 그 이유는 주제의 명확성, 피드백의 용이함, 자기관리 그리고 전략이었다.

서문이 중요한 이유를 정리하면 이렇다.

1. 독자와 대화하는 첫 단추: 출간기획서는 '작가의 책에 대한 생각'을 요약한 것이다. 작가 자신을 위한 언어에 가깝다. 독자와 첫 대화는 서문이다. 첫인상의 중요성은 아무리 강조해도 지나침이 없다.

2. 독자의 기대수준 관리: 경영학에서 인사관리나 소비자행동론을 접해본 사람이라면 기대수준 관리가 얼마나 중요한지 알 것이다. "상사의 기대수준을 관리하라"는 주제는 유명한 직장 생활 처세론이다. 상사가 너무 큰 기대를 하면 본인에게 손해다. 상사가 "이거 급한 거니까 빨리 처리해줘."라고 말한다. 직원은 "오늘 퇴근까지 해야지." 생각한다. 한 시간 후에 상사가 다시 와서 말한다. "아직도 안 됐어? 급하다고 했잖아." 이 경우엔 직원이 상사의 기대수준 관리에 실패했다고 볼 수 있다. 직원은 이렇게 말했어야 했다. "오늘까지 넘기라고 지시하셨던 자료가 더 중요한 걸로 알고 있는데요. 지금 말씀하신 자료부터 하면 이 자료는 내일로 미뤄지

는데 그렇게 할까요? 아니면 기존에 중요한 일부터 처리하고 내일 아침에 1순위로 처리해드릴까요?" 상사가 "그럼 내일 아침에 오자마자 해줘."라고 말했더라도, 직원은 오늘 퇴근 시간 안에 일을 마치는 것이다. 이렇게 하면 훌륭한 직원이다. 상사의 기대수준을 관리했고, 게다가 그 기대수준을 초월한 성과를 스스로 만들어 냈기 때문이다.

　책 서문은 독자의 기대수준을 관리하는 역할을 한다. 이 책이 전달하는 정보와 결과는 무엇인지 미리 알려준다. 물론 무엇이 논외인지도 말해야 한다. 그래야 독자가 현실적으로 기대하고 예상하게 된다. 독자가 적극적으로 독서를 하게 된다. 어떤 정보가 나오는지, 또 어떤 정보는 나오지 않는지 알게 되면 독자는 가장 적절하고 "최적화된 모드"로 스스로를 조절한다.

　책을 읽고 난 후의 만족도에도 직접적인 영향을 준다. 기대한 내용이 있는데 책에서 다루지 않았다면, 제 아무리 책 내용이 훌륭해도 독자는 입이 삐죽 나올 수밖에 없다.

3.　톤 앤 매너 Tone and Manner: 서문은 독자와 나누는 첫 대화이다. 워크샵을 하다보면 의외로 작은 결정에서 어려움을 느끼는 작가들이 많다. 예를 들면 독자에게 "하세요"라고 할지, "하라"고 할지이다. 이는 글쓰기 불변의 원칙 중 "독자를 공부해라"를 떠

올리면 된다. 독자가 어떤 말투와 형식에 더 공감할 것인가. 어떤 말투가 더 적극적인 변화를 만들 수 있는가를 살펴보면 된다. 어쨌든 이런 작은 설정을 만드는 게 바로 서문이다. 서문에서 설정한 작가의 관점과 태도, 억양 (말투) 등은 책 전체를 지배하게 된다. 또 그래야만 한다. 책은 작가와 독자의 호흡이고, 일관성이 깨진다면 독자의 몰입을 방해하기 때문이다. 내가 추천하는 톤 앤 매너는 "친절한 강사 모드"이다. 왜 그런가 하면, 초보 작가가 잘 팔리는 책을 쓸 수 있는 기회는 왕초보에게 가장 쉬운 방법으로 설명하는 곳에 있기 때문이다.

4. 작가의 자기최면: 이는 출간기획서를 써야 하는 이유 중 "자기관리"와 닮았다. 작가는 평소의 내가 아니라 책 속의 화자 (말하는 사람)여야 한다. 에세이가 아니기 때문이다. 이를 위해서는 책을 쓰기 전에 나 개인에서 책 속 화자로 바뀌는 과정이 필요하다. "내가 진짜 하고 싶은 말이 뭐였지?"처럼 당황스러운 상황이 왔을 때에 재빨리 나 자신을 작가로 되돌려 놓아야 한다. 이른 바 "모드"를 바꿔야 한다.

방법이 바로 서문이다. 서문을 잘 써두면, 작가 스스로 최고의 화자가 될 수 있도록 최면을 걸 수 있다. 글이 잘 안써질 때에 서문을 읽으면 "그래, 이거였어!"라는 생각이 들 때가 많다. 그리고 애초에 이 책을 기획하던 나로 돌아가 작가 본분의 역할을 다 할 수 있다.

좋은 서문을 쓰려면 어떻게 해야 하는가.

1. 요약으로 시작하라

서문이 중요한 이유는 서문이 독자와 작가와의 관계를 설정하고, 독자의 기대수준을 만들며, 작가가 책 전체에 걸쳐 일관성 있는 방향을 설정하기 때문이었다.

즉 서문을 잘 쓰면 독자가 작가와 가까워지고, 독자가 책에 대해 현실적으로 기대하게 되며, 작가가 일관적으로 책을 완성할 수 있게 된다.

좋은 서문에 대한 기준은 책의 종류와 목표에 대해 다르다. 하지만 위에서 언급한 서문의 중요성에 대해 동의한다면, 좋은 서문의 요건에 대해서도 내 의견에 동의할 것이다. 사로잡는 서문을 쓰기 위해서는 어떻게 해야 할까.

첫 번째 조언은 서문의 첫 부분을 요약으로 시작하라는 것이다. 무엇에 대한 요약인가? 출간기획서에 대한 요약이라고 생각하면 된다. 누군가 "이게 무슨 책이에요?"라고 묻는다면 대답하게 될 그 문장이다. 작가워크샵을 통해 정식으로 출판한 책의 서문을 예로 들어보겠다.

예시: 요약으로 시작하는 서문

"이 책은 주 양육자인 (엄마)가 그림에 관한 관련지식이 없어도 가볍게 펼칠 수 있는 책입니다. 그림을 보는 답안지는 없기 때문에 느껴지는 마음으로도 해석 가능한 왕초보 엄마를 위한 실용서입니다. 단 10분이라노 양육자로서 아이와 대화하는 시간을 우아하게 만들어 드립니다." - 정은혜, 아이들이 더 신나는 집콕 미술관.

"이 책은 공인중개사 자격증을 준비하는 바쁘고 자신 없는 왕초보 분들에게 최소한의 시간과 노력을 투자해서 합격을 보장하는 비법을 담은 책입니다." - 김미숙 (황금금고), 따라하면 무조건 합격하는 공인중개사 합격 비법.

"이 책은 온라인 실시간 강의를 하는 강사가 반드시 알아야 하는 줌zoom 기능과 Q&A를 담은 <줌 강사 가이드북>입니다. 줌 기능 뿐만 아니라 비대면 강사 양성과정을 진행하면서 매 차수 나왔던 공통된 질문과 블로그 댓글로 주셨던 질문들을 모아 정리했습니다." - 정초롱, 줌 강사 가이드 북.

" '설마 나도 우울증? !!' 일지 궁금한 적 없나요? 그래서 여러분에게 우울증에 대한 모든 것을 자세하게 알려드리려고 해요. 우울증이 무엇인지, 초기증상은 어떻게 나타나는지, 종류에는 어떤 것들이 있는지 등 우울증에 대한 다양한 정보를 소개해드리고 싶어요." – 윤하 (드리머), 설마 나도 우울증?

"지금부터라도 미래를 위해 돈을 관리하고 싶으신가요? 그런데 무엇부터 시작해야 할 지 몰라 막막하시다구요? 그렇다면 쿠팡파트너스는 여러분에게 좋은 출발이 될 수 있습니다. 이 책만 읽어도 쿠팡 파트너스를 시작할 수 있도록 누구보다 쉽게 설명해드릴게요. 그러면 제가 어떻게 이 세계에 발 딛게 되었는지 들어보시겠어요? " –윤재연, 하루만에 쿠팡 파트너스 시작하기.

"미디어대학원에서 공부를 하고, 유튜브를 하면서 수집한 정보와 깨달은 점을 공유하고 싶어서 책을 쓰게 되었습니다. 이 책을 통해서 콘텐츠를 고민하는 시간을 절약할 수 있습니다. 또한, 50개의 검증된 스크립트를 분석하면서 자신만의 콘텐츠를 발견할 기회를 찾게 될 것입니다." –오채은, 오늘은 어떤 콘텐츠를 찍을까.

왜 요약으로 시작할까

인간의 뇌가 작동하는 방식 때문이다. 우리는 아무리 사소하고 단편적인 사실이라 하더라도 "해석"을 한다. 내 눈 앞에 펼쳐진 사실과 정보가 내게 어떤 의미인지 판단을 한다. 정보들에 대한 배경이나 의미가 없으면 인간은 이를 소화하지 못한다. 앞뒤 문맥 없이 엉뚱한 소리를 하는 사람을 생각해보자. 도대체 이 사람이 왜 이런 이야기를 하는지 멀뚱허니 쳐다볼 수밖에 없다. 그래서 어쩌자는 건지, 내게는 어떤 의미가 있으며 따라서 내가 어떻게 받아들여야 하는지 해석이 안 되기 때문이다.

만약 이 사람이 "지금부터 내가 겪었던 웃긴 이야기를 해줄게. 그냥 들어봐."라고 말했다면 어땠을까. 듣는 이는 이런 배경지식과 화자의 의도에 맞게 정보들을 처리할 것이다.

어떤 사람이 갑자기 우리에게 다가와 괴기스런 표정으로 이상한 소리를 내기 시작한다. 우리는 공포와 경계심을 갖고 그를 지켜볼 것이다. 그러나 그가 다가오기 전에 그가 코미디언이고 재미있는 퍼포먼스를 하려고 한다는 것을 알았다면 어떨까. 같은 정보이지만 독자도 그렇게 느낄 수 있다.

왜 요약으로 시작하는가. 앞으로 책에서 할 이야기가 어떤 내용인지, 그것을 왜 썼는지, 따라서 독자에게 어떤 것을 기대하는지 배경지식을 전달하기 위해서이다. 이런 기초적이지만 명확한 배경지식이 있다면, 독자는 앞으로 작가가 던져주는 정보들을 차근차근 소화하고 해석하게 도움을 준다. 게다가 실용서 독자라면 요약은 필수다. 책이 의도하는 혜택이 분명하면 분명할수록 독자는 확신을 갖게 될 것이다. 초반에 확신을 갖게 하면, 책을 탐색하는 독자의 구매 확률은 높아진다. 뿐만 아니라 책 전반적인 만족도에도 도움을 준다.

2. 독자에게 약속해라

사로잡는 서문을 쓰기 위한 두 번째 조언이다. 독자에게 약속하자. 이 책을 통해 독자에게 줄 수 있는 것들을 차근차근 풀어 써보자. 그러나 이 약속은 구체적이어야 하고 실제로 목차에서 확인할 수 있어야 한다. 이 약속을 서문에 명시하자. 지킬 수 있는 약속이 확실하다면, 그 확신도 서문에 적자.

서문에 약속을 적으면 좋은 점

1. 구체적인 약속은 설득력을 높인다. "나중에 맛있는 것 사줄게."라는 말은 왠지 못 미덥다. "이번 달 25일에 퇴근하면서 사당역 횡성 한우집에서 꽃등심 사줄게."라고 말하면 어떤가.

2. 독자가 스스로 수용하는 모드로 바뀐다. 이른 바 적극적인 독서를 하도록 돕는 것이다. 작가가 약속한다는 것은 곧 독자도 함께 몰입해야 한다는 의미이기 때문이다.

3. 작가의 주제의식이 선명해진다. 주제의식이란 무엇인가. 작

가가 말하고자 하는 것이 분명하게 드러난다는 뜻이다. 작가가 서문에 독자와 약속을 한다면, 작가는 그 약속을 지켜야 한다. 잊을 때마다 작가 자신이 쓴 서문을 읽으며 독자와 약속한 것들을 상기할 수 있다. 작가는 그 약속에 더 집중하게 된다. 결국 군더더기 같은 내용이 없어지고 책은 꼭 필요한 내용 위주로 스스로 정화하는 과정을 겪게 된다.

4. 작가와 독자의 "한 배를 탄 관계"가 설정된다. 작가는 독자에게 약속한 것을 지키기 위해 책을 전개한다. 분명한 목적이 존재한다. 독자는 작가의 약속이 제대로 지켜지고 있는지 확인을 하며 작가의 흐름을 따라간다. 읽는다는 수동적인 행위 안에, 약속을 확인하려는 적극적인 독서 모드가 장착되는 셈이다. 작가와 독자의 '계약'은 긴장감을 만들면서도 양쪽의 활발한 소통을 만든다. 뻔하고 지루한 사이가 아닌 특별한 관계가 형성된다.

서문에서 잘 약속하는 방법

1. 독자의 고민을 작가의 입으로 표현하기: 우선 독자가 누구인지 정의한다. 책을 통해 약속하고 싶은 사람들은 누구인가? 앞에서 언급한 것처럼, 독자가 가진 욕망, 욕구 그리고 고민을 중심으

로 생각하면 좋다.

　서문이 시작할 때에 독자의 그 고민을 작가의 언어로 직접 언급해주면 좋다. '알아주겠지'라고 생각해서는 안 된다. 말로 정확하게 그리고 직접적으로 표현하자. 독자는 작가가 내 고민을 잘 이해한다고 동의할 것이다. 그 고민, 욕망을 '작가의 입'으로 직접 말하는 것은 아주 중요하다. 그 고민을 해결하는 것이 우리 작가들의 약속이기 때문이다. 서문을 이미 썼다면 체크해보자. "'독자가 누구인지', '풀어야 하는 독자의 고민이 무엇인지' 서문에 직접 언급이 되었는가?"

　2. 독자의 변화를 선언하기: 독자의 욕구와 고민이 해결되면 어떻게 될지, 확실하게 그리고 정확하게 말해라. "도움이 되길 바란다" 식의 말이 아니라, 확실하게 도움이 될 것이라고 말해라. 우리는 입문/초보라는 큰 시장에 진입하고자 한다. 입문 단계는 상대적으로 변화가 눈에 잘 띈다. 작가가 말하는 방법을 따라온다면 무엇이 변화하는지 그 결과를 3가지에서 5가지 정도 약속하자. 단 구체적이고 확실해야 한다.

　'쇼핑몰 위탁판매'에 대한 책에서 나는 이렇게 말했다. "누구든 이 책을 따라하기만 하면 일주일 안에 쇼핑몰을 창업할 수 있습니다. 그리고 3일이 지나지 않아 생애 첫 주문을 받아볼 것입니다!" 나는 쇼핑몰로 1억 매출을 만든다거나 대단한 브랜드를 만들 수 있다고 말하지 않았다. 애초에 내가 책을 쓴 목적은 그런 게 아니었다. 소자본으로 창업하고 수입을 다각화할 수 있는 쉬운 첫걸음으로 쇼핑몰 위탁판매를 소개하고 싶었다. 독자들이 쇼핑몰 위탁판매에 관심이 가진 이유도 같았다. 역시 너무 어렵지 않게 뭔가를 창업할 수 있고, 많은 것을 포기하지 않고 현재 상태에서 즉시 시작할 수 있기 때문이다. 따라서 독자가 원하는 것은 "쇼핑몰을 시작하는 것"이다. 실용서 작가로써 나는 독자의 욕구와 고민을 내 언어로 표현했고, "누구든지 나를 따라하면 할 수 있다"고 그 결과를 선언했다. 독자 입장에서는 기대수준을 명확히 가져갈 수 있고, 작가와 독자는 같은 목표를 향해 걷기 시작하는 것이다.

3. 어떻게 결과를 만들지 약속하기: 1번에서 독자의 고민과 욕망을 언급했다. 2번에서는 작가가 독자의 고민을 해결할 것이며, 그 결과는 어떠할지 선언했다. 마지막으로 독자와 약속할 것이 남았다. 그 결과에 이르는 방법이다. 똑같은 결과에 이르는 방법도 아주 여러 갈래다.

<따라하면 누구나 합격하는 공인중개사 합격 비법>에서 김미숙 작가는 서문에 이렇게 적었다.

"공인중개사 공부는 100점 목표가 아닙니다. 주관식 시험이 아

닙니다. 상대평가 시험이 아닙니다. 공인중개사 시험은 둘 중에 하나가 합격한다는 상대평가 시험이 아니라, 너도 나도 우리가 다같이 합격할 수 있는 100점이 아닌 60점 합격이 목표인 찍기가 가능한 시험입니다. 이 책이 여러분들을 합격의 문으로 들어가시는 것을 도와드릴 것입니다. 100점 맞게 할 자신은 없지만 합격시켜드릴 자신은 있습니다."

합격하는 비법은 저마다 다를 수 있다. 하지만 김미숙 작가가 말하는 "어떻게"는 무척 색다르다. 100점을 목표로 공부하지 말고 60점을 목표로 공부하자는 것이다. 그렇게 하기 위해서는 꼭 필요한 것과 '대충 해도 되는 것'이 구별되어야 하는데, 작가는 그것을 콕 집어서 알려주겠다고 한다. 독자가 이 서문의 약속을 동의하는 순간, 그것은 작가에 대한 믿음으로 바뀐다. 이렇게 직접 언급함으로써 작가 스스로 "내가 어떻게 차별화될 수 있는가"를 되짚을 수 있다. 또한 책을 쓰다가 샛길로 빠지는 오류를 스스로 점검할 수 있는 나침반이 된다.

3. 독자에게 선을 그어라

서문이 중요한 두 번째 이유는 독자의 기대수준 관리였다. 이를 위해 내가 당부하고 싶은 조언은 독자와 선을 그으라는 것이다. 이렇게 하면 작가 자신에게도 좋고 무엇보다 독자에게 이득이다.

독자에게 선을 그어야 하는 이유

책도 하나의 상품이다. 그렇다 보니 제목이나 판촉 문구에서 다분히 공격적이고 과장된 표현이 사용되기도 한다. 작가에게는 그럴 만한 사정이 있을 것이다. "뭐, 아주 틀린 말은 아니잖아요?"라고 변명할지도 모르겠다. 문제는 독자다. 독자는 판촉문구로 인해 과대망상이 생길 수도 있다. 이 책 한 권이면 내 인생이 바뀔 것만 같고 당장 내게 행복과 일확천금을 가져다 준다고 생각할 수 있다. 물론 합리적인 독자라면 그러지 않을 것이다. 하지만 작가의 의도에서 독자가 멀어지는 것은 사실이다.

독자가 지나치게 책의 효용을 과대평가하면 어떤 일이 벌어지는가. 작가와 말다툼이 벌어진다. 독자는 책을 읽으며 내내 불평불만을 하게 된다. 실제 만난 적 없는 두 사람의 마음 속에서 싸움이

번진다. 결국 작가는 독자를 변화시키지 못하고, 독자도 변화하지 못한다. 독자는 평점란에 1점을 줄 것이고 작가는 무식한 독자라며 저주를 퍼붓는다. 제3자 입장에서 보면 이것은 작가의 책임이다. 작가가 사전에 통제할 수 있었는데 조치하지 않았기 때문이다. 작가가 독자의 기대수준을 관리하지 못한 것이다.

〈하루만에 배우는 타로 운세〉를 예로 들어보자. 목차를 작성하는 단계에서 작가는 예비독자와 가상으로 이야기를 나누었다. 독자는 시간이 없었고 당장 타로 운세를 보는 방법을 원했다. 그래서 우리는 본론으로 직행했다. 독자가 원하기 때문이었다. 그러나 이것은 책의 목차를 잡는 방식이었다. 작가는 이 책을 읽는 나머지 독자들 역시 같은 기대를 갖도록 만들어야 한다.

독자와 선을 그어야 한다는 것은 이를 뜻한다. 독자가 기대에 부풀어 너무 많은 것을 상상한다면 애초에 선을 그어야 한다. 〈하루만에 배우는 타로 운세〉를 읽는 독자가 단순히 타로 운세를 보는 실용적인 방법을 넘어 "타로의 역사와 기원" 그리고 "각 타로 카드가 생기게 된 사연"을 알고 싶어한다면? 작가는 이렇게 생각할지도 모른다. "타로 운세를 하루만에 배워야 하니까, 당연히 핵심적인 것만 적었죠. 너무 깊이 있는 지식을 기대하는 건 무리 아닌가요."

아니다. 작가가 그렇게 짐작하는 순간 독자와 싸운다. 내가 독자에게 약속하고 선을 그으라고 당부하는 이유이다. 작가에겐 당연한 것도 서문에서 적어줘야만 한다. 다시 말하지만 이것이 기대 수준 관리의 아주 기본이다. 영어 표현으로는 "Stay On the Same Page"라고 한다. 서로의 눈높이를 맞추는 작업이다.

따라서 작가는 독자에게 "따라 하기만 하면 하루만에 직접 타로를 시작하게 해주겠다."고 약속하면서, 기대해서는 안 될 것을 알려주어야 한다. "목적에 충실하기 위해서 타로의 기원이나 각 카드에 대한 필요 이상의 자세한 정보는 다루고 있지 않다."고 선을 그어야 한다.

4. 스토리텔링

3부 출간기획서의 책소개를 다루면서 스토리텔링에 대해 언급했다.

스토리텔링이란 고난이다.

내 책 <내 젊은 날에 보내는 비밀 레시피>에서 말한 것처럼, 좋은 스토리텔링이란 고난이다. 고난이 이야기 전체의 중심이 된다. 고난이 이야기의 핵심적인 역할을 한다.

"여러분 중에 무엇을 해도 남의 옷을 입은 것 같고, 자꾸 기웃 거리는 분 계신가요. 겉으로는 잘 살고 있는 것처럼 보이지만 자꾸 헛도는 것처럼 방황을 반복하는 분이 계신가요. 저도 그래요. 제 이야기를 한번 들어보세요. 저는 심지어 이런 일도 겪었답니다… 어쩌면 제 이야기가 여러분에게 위로를 드릴 수도, 혹은 실질적인 도움을 드릴 수도 있을 것 같습니다."

이 이야기는 내 내러티브다. 내가 반복해서 사용하고 있는 핵심적인 스토리텔링이다.

앞서 설명한 것처럼 좋은 이야기는 "고난에 대한 이야기"이다. 내 고유한 이야기를 고난으로 풀어내는 것이 스토리텔링이다. 판매와 발표 기술 중 최고로 치는 것이 바로 스토리텔링인데, 인간은 사회적 동물로써 남이 겪은 고난에 깊이 몰입한다. 조셉 캠벨이나 유발 하라리 같은 학자들도 이를 피력한 바 있다.

서문에 스토리텔링을 넣는 방법

스토리텔링은 책 한 권의 분량으로 설명될 만큼 방대한 주제이다. 여기서는 서문에서 스토리텔링이 어떻게 활용될 수 있는지 아주 간단한 방법만 소개하고자 한다. 스토리텔링의 핵심 키워드는 "고난"에 집중하는 방법이다.

1. 작가가 겪었던 고난 중에 책의 주제와 관련있는 사건을 적는다. 타깃 독자가 채우고자 하는 욕구나 고민과 밀접하다면 더 좋다. 작가의 고난이었지만 해결된 고난 말이다. 그 고난과 좌절을 독자들이 겪고 있다면 금상첨화다.
2. 작가가 그 고난을 어떻게 풀었는지 적어라.
3. 핵심적인 해결 방법을 적어라.
4. 이 책을 쓰게 된 이유가 그 해결 방법을 독자들에게 공유하기 위한 것이라고 선언해라. 작가가 겪었던 고난과 해결이 책의 내용과 직접적으로 이어지는지 확인해야 한다. 작가의 고난과 책 내용

이 서로 다른 두 개의 이야기로 느껴진다면 스토리텔링의 효과는 반감된다.

〈하루만에 배우는 타로 운세〉 책에서 작가는 자신 역시 타로를 배울 때에 무엇부터 시작해야 할지 막막했다고 고민을 털어놓을 수 있다. 그래서 타로 카드를 한 장씩 공부하기 시작했는데 흥미가 떨어져서 포기했었노라고 경험담을 나눌 수 있다. 그래서 작가는 일단 무작정 시작하고 카드의 뜻은 나중에 맞춰보는 식으로 공부했고, 이 과정을 주변에 적용했더니 다들 하루만에 타로 운세를 볼 수 있었다고 한다. 그리고 이 비결을 담은 게 바로 〈하루만에 배우는 타로 운세〉 책이다. 단순히 정보만 나열하는 것보다 전달력과 설득력이 높다. 독자는 이 스토리텔링을 통해 "내 고민도 해결될 수 있겠다"는 확신을 갖게 되고, 작가와 자신의 공통점을 발견하게 된다.

다시 한번 말하지만 서문은 아주 중요하다.
하지만 서문은 서문일 뿐이다. 작가에게는 그것을 나침반 삼아 책을 완성해야 하는 과제가 남아 있다.

불변의 글쓰기 원칙

글쓰기와 책쓰기에 대한 책이 넘쳐난다. 나는 글쓰기에는 몇 가지 불변의 원칙이 존재한다고 생각한다. 나머지는 이 원칙의 변주곡 내지는 각자의 자기 해석이다. 글을 잘 쓰는 것은 어떤 비결을 아느냐 모르느냐의 문제가 아니다. 글쓰기의 원칙을 실행했느냐의 문제이다. 스스로 시행착오를 겪어가며 내것으로 만들면 본인만의 스타일이 생긴다. 스타일은 원칙 위에 세워졌을 때에 비로서 사람들에게 공감받고 감동을 준다. 아리스토텔레스의 레토릭부터 이 천 년이 지난 지금까지 글쓰기 원칙은 늘 한결 같았다.

쉽게 쓸 것

글을 쓰는 목적은 다른 사람에게 정보나 메시지를 전달하는 것이다. 누구나 이해할 수 있는 평범한 언어를 사용해야 한다.

예를 들어 줄임말은 별다른 의도가 없다면 쓰지 않는 게 좋다. "PB를 런칭하려고 준비 중이다." 이 말은 금융계 사람에게는 개인금융인 Private Banking 을, 브랜드 담당자에게는 자체상품인

Private Brand 를, 개인컨설턴트에게는 개인 브랜드인 Personal Brand 를 연상시킬 것이다.

말로 해 보는 것은 큰 도움이 된다. 우리는 밥을 먹을 때에 "이거 맛있다. 매워서 혀가 얼얼하면서도 끝맛은 달콤해. 다음에 꼭 먹어봐."라고 말한다. 의도적으로 표현하지 않는다면 "이 식품은 신랄한 매운 감각과 동시에 감미로운 단맛을 제공하며 훌륭한 미각을 선사하므로 남녀노소 즐길 수 있는 추천 음식이다."라고 표현할 이유가 없다. 문장이 어려워지면 독자는 불필요한 에너지를 쓰게 된다. 피로감은 독자에게 가장 빠르고 효율적인 방법으로 정보와 메시지를 전달하는 데에 결코 긍정적이지 않다.

쉽게 쓴다는 것은 단지 문장을 쉽게 쓰는 게 아니다. 쉽게 쓴다는 것은 작가가 간단 명료하게 생각한다는 것을 의미한다. 똑같은 수학 공식도 어떤 강사는 아주 쉽게 설명한다. 이것은 말하기나 쓰기의 기술이 아니라 생각하는 구조에 대한 영역이다. 따라서 쉽게 쓰려면 본질을 단순하게 생각하는 작가의 사고 체계가 필수이다.

예를 들면 이렇다. "하나의 잘못된 일이 다른 곳에 영향을 미치고, 그것이 전체적으로 악영향을 끼친다. 아주 작은 일이라도 차례차례 영향을 미치며, 우리가 인지하지 못하는 사이에 큰 파급효과를 가져온다. 경제적으로도 마찬가지이다. 그러므로 이런 일이 일어나지 않도록 조심해야 한다." 이런 문장은 "잘못하면 도미노처럼 무너질 수 있다. 경제 분야에 이런 일이 일어나지 않도록 눈여겨 봐야 한다."처럼 '도미노'라는 누구나 알 수 있는 개념을 통해 쉽게 설명할 수 있다. 곧이어 "독자를 공부하라"는 조언을 할 텐데, 그 독자층이 단번에 이해할 수 있는 어휘와 개념을 '도미노'처럼 적극 활용하면 좋다.

　내가 쓴 글을 읽어보자. 그리고 더 쉽게 바꿀 수 있도록 노력해보자. 글쓰기 실력은 이렇게 원칙을 스스로 적용하고 개선하면서 향상된다. 뚝딱 바뀌는 일은 없다.

짧게 쓸 것

글쓰기 훈련이 잘 된 사람과 안 된 사람을 한 눈에 알아볼 수 있는 방법이 있다. 글쓰기 훈련이 안 된 사람은 문장을 지나치게 길게 늘여 쓴다. 문장이 길어지면 주어와 서술어가 맞지 않아 비문이 될 확률이 매우 높다. 특히 훈련되지 않은 사람이 다섯 줄 이상의 한 문장을 쓴다면, 거의 대부분 비문이 되는 것을 목격했다. 문장이 길어지면 작가가 자신의 의도를 명확하게 전달하기 어렵다. 물론 독자에게도 마찬가지다. 문장이 길어지면 독자는 불필요한 에너지를 쓰게 될 뿐 아니라, 그 문장을 압축하려는 이차적인 노력까지 병행해야 하기 때문이다.

훈련된 사람들은 문장이 짧다. 때로는 너무 짧다. 한 문장에서는 하나의 메시지만 전달하라고 한다. 한국어는 주어, 목적어, 동사가 핵심이다. 한 문장에는 한 개의 주어와 한 개의 동사만 들어가면 된다. 이것이 짧은 문장이다.

"나는 그가 걸어오며 주먹밥을 먹는 모습을 지켜보다가 깜짝 놀라서 넘어질 뻔 했는데, 그 모습을 그가 지켜보고는 큰 소리로 웃었다." 이 문장은 주어와 동사를 기준으로 짧게 줄일 수 있다. "나는 그가 걸어오는 모습을 보았다. 그는 주먹밥을 먹고 있었다. 나는 깜짝 놀랐다. 그가 나를 보았다. 그는 큰 소리로 웃었다."

문장을 왜 짧게써야 하는가. 문장을 짧게 쓰면 쉬워진다. 쉽게 쓰는 것은 불변의 글쓰기 원칙의 제 1 원칙이었다.

문장을 짧게 쓰면 명확해진다. 게다가 긴 문장 자체가 주는 비문의 확률과 비효율성 그리고 모호한 해석에 대한 위험부담을 없앨 수 있다.

문장을 짧게 쓰는 것은 역사상 모든 엘리트들이 실행했던 글쓰기 훈련 방식이다.

독자를 공부해라

책쓰기가 일기와 다른 점은 독자다. 일기는 독자를 생각하며 쓰지 않는다. 그러나 책은 독자를 생각한다. 책쓰기는 독자를 배려한다.

이 책 1부 2장에서 다룬 전략의 기초를 기억해보자. STP 중 하나는 타기팅이었다. 타깃은 책쓰기에서는 독자다. 팔리는 책은 무엇이 다른가. 시장성이었다. 시장성을 이루는 7가지 검토항목 중 독자의 수요와 키워드는 큰 부분을 차지했다. 3부 똑똑한 출간기획서에는 독자가 누구인지 알아야만 집필 의도를 날카롭게 만들 수 있었다. 목차 쓰기는 어떠한가. '목차 실습'에서는 독자를 구체적으로 만들수록 목차는 더 실용적이고 군더더기 없어지는 것을 확인했다.

책 내용이 어떤 사람에게는 구세주처럼 느껴지지만 또 다른 어떤 사람에게는 쓰레기 뭉치일 수 있다. 불특정 다수에게 만족을 안겨줄 생각은 버려야 한다. 책을 쓰면서 이 책이 필요한 사람이 누구인지 생각해야 한다. 독자를 정했다면 그들을 공부해야 한다. 이런 질문은 도움이 될 것이다.

독자들이 가장 궁금한 것은 무엇인가.

독자들의 고민은 무엇인가.

독자들이 즐겨 볼 만한 채널이나 유행어는 무엇인가.

〈하루만에 배우는 타로 운세〉를 예로 들어보자. 독자를 '타로를 배우고 싶어하는 사람'으로 설정하면 더이상 창의적인 상상력을 발휘하기 어렵다. 목차 실습에서는 스물 한 살의 대기업 전화상담원이라는 가정을 했다. 터무니 없는 상상이 아니다. 실제로 타로를 가장 흥미로워하는 나이대이면서 그 나이대 중 가장 큰 수요를 차지하는 그룹을 합리적으로 추론한 것이다. 이 사람들의 고민은 무엇인가? 구체적인 타깃이기 때문에 탄탄한 근거를 바탕으로 상상력을 펼칠 수 있다. 전화상담원이라는 특성상 보다 스트레스를 덜 받는 안정된 직장을 원할 확률이 많고, 스물 한 살이라는 나이대는 한창 이성에 대한 호기심이 왕성할 것이라는 힌트를 준다. 덕분에 이 책에서는 독자가 궁금해 할 만한 내용이 다수 포함되었다. "소개팅 남"의 등장은 다 이유가 있었다.

앞서 이야기한 '도미노'를 기억할 것이다. 스물 한 살이라면 왠지 "너무 맛있는 음식"이라는 평범한 표현보다는 "'이거슨' 무조건 먹어야 하는 가성비 갑의 존맛탱 혜자님"이라는 표현이 더 생생하고 공감을 불러일으킬 수 있다.

독자를 공부하면, 독자가 이해하기 쉬운 비유나 소재를 들어 설명할 수 있다. "척하면 척" 알아듣는 작가와 독자의 관계가 형성될 수 있다.

결론부터 말해라

모든 글이 그런 것은 아니지만 결론부터 말하는 것은 디지털 시대의 대세가 되었다.

결론부터 말해야 하는 이유

1. 정보의 홍수 시대이다. 독자, 소비자들은 제대로 된 시간을 투자하기 전에 이것이 내게 필요한 정보인지 신속하게 판단하고 싶어 한다.
2. 현대인들은 효율성을 추구한다. 효율성은 학습된 가치이다. 어렸을 때부터 적은 노력으로 많은 효과를 얻으라고 가르친다. 결론을 먼저 말하면 독자와 작가 사이의 커뮤니케이션의 효율성이 높아진다.
3. 쉽게 쓸 수 있다. 정보를 전달하기 전에 큰 그림을 먼저 그리기 때문에 독자가 더 쉽게 이해할 수 있다. 쉽게 쓰는 것은 불변의 글쓰기 원칙 중 하나였다.
4. 설득력이 높아진다. 결론부터 말하는 구조는 필연적으로 먼저 선언한 주장을 증명하고 뒷받침하는 흐름으로 전개된다. 주장

과 근거가 있으면 글이 논리적이다. 독자가 공감하고 변화하는 확률이 높아진다.

5. 짧게 쓸 수 있다. 결론부터 말하면 중언부언하지 않게 된다. 이미 결론을 말했기 때문이다. 짧게 쓰는 것은 불변의 글쓰기 원칙 중 하나였다.

6. 작가가 편하다. 책은 작은 챕터 여러 개가 모여서 이루어진다. 챕터마다 구성이 다르면 역동적이어서 좋을 것이다. 작가 입장에서는 고역이다. 꼭 그럴 필요가 없다면 결론을 먼저 말하고 이를 뒷받침하는 구조를 기본 옵션으로 삼자. 지금부터 말하는 오레오 글쓰기는 그중 가장 대표적인 "결론부터 말하기" 방법이다.

오레오 OREO 글쓰기

나는 오레오라는 100년이 넘은 과자 브랜드를 위해 일한 적이 있다. 그런데 "오레오 글쓰기"라는 게 있는 줄은 몰랐다. 오레오는 4가지 요소로 이루어져 있는데, 이 앞 글자만 따서 O-R-E-O라고 부른다.

오레오 글쓰기는 이제 쓰기에 관심있는 사람들에게는 꽤 알려진 방법이다. 새로운 챕터가 시작할 때마다 이 양식을 기본으로 시작하면 안전하고 효율적으로 글을 쓸 수 있다.

오레오 글쓰기는 영미권에서는 "전략적 글쓰기 방식" 또는 "설득하는 글쓰기 방식"이라는 부제가 붙어있다. 하지만 정보를 압축해서 전달하기에도 훌륭하다.

오레오 글쓰기 원칙

1. Opinion (의견/주장). 주장이나 의견을 명확하게 이야기하며 글을 시작한다.

2. Reason (근거/합리화). 처음에 이야기한 주장을 뒷받침할 수 있는 이유와 근거를 댄다.

3. Evidence/Explanation (예시/설명). 위에서 이야기한 근거에 대한 예시를 들어 설명한다.

4. Opinion (의견/주장). 주장을 다시 한번 강조하거나 요약하며 글을 마무리한다.

오레오 글쓰기의 핵심은 두 가지이다. 첫째는 결론부터 말하는 것이다. 두 번째는 근거를 대는 것이다.

"왜냐하면" 이 한 마디만 해도 설득력이 강화된다. 여기에 대해서는 유튜브에서도 수차례 언급했고, <내 젊은 날에 보내는 비밀 레시피>에서도 "왜냐하면의 놀라운 이면"에서 다루었으므로 참고하길 바란다. 근거는 하버드 대학교의 엘렌 랭어 Ellen Jane Langer 교수가 1978년에 발표한 "왜냐면-이라는 단어의 힘"에 대한 연구 논문이다.

오레오는 하나의 원칙일 뿐이다. 이 원칙을 안다고 해서 당장 글이 훌륭해지지 않는다. 글쓰기를 개선시키려면 이 원칙으로 계속 연습을 반복하고 실수를 발판삼아 스스로 깨우치는 것이다.

오레오를 매 챕터마다 시작점으로 삼으면 글쓰기가 막막한 예비작가들에게 큰 도움이 될 것이다.

실용서를 더 맛깔나게 쓰는 법

불변의 글쓰기 원칙을 제외하고도 몇몇 글쓰기 잔기술이 인터넷에 떠돈다. 나는 그런 기술들을 신뢰할 수 없다. 작가의 특수한 견해인 경우가 많아 다른 작가들에게 적용하기 어렵다. 누구에게나 적용하기 힘든 이유는 아마도 근거가 빈약하기 때문일 것이다.

하지만 적어도 실용서를 통해 시장성이 있는 책과 콘텐츠를 쓰려고 하는 작가라면 이 조언이 도움이 될 것이다. 워크샵 참여 작가들을 통해 개발하고 검증된 몇 가지 독창적인 방법을 소개한다.

1. 오레오를 트레오로 바꾸기

OREO 글쓰기 방식을 기억할 것이다. 순서대로 주장 Opinion, 이유 Reason, 예시 Example, 그리고 강조 Opinion 를 뜻한다. 이 방법을 시장성 있는 책쓰기로 바꿔보자. Opinion 을 Tip 으로 바꾸면 된다. Tip 이란 무엇인가? 영어 사전에 따르면 팁은 1) 작지만 2) 유용하고 3) 실제로 활용가능한 조언이다. 우리가 일상 생활에서 말하는 "꿀팁"과 같은 말이다. 왜 "꿀팁"이 중요한가?

시장성은 대부분 1부와 2부에서 설명한 방법으로 결정된다. STP 중 주제 및 분야에 해당하는 Segmentation 은 분야의 크기와 트렌드였다. 이는 2부에서 충분히 다루었다. T에 해당하는 타깃 독자 역시 특정 분야에 대한 욕구가 있는 입문, 초보 독자라는 점을 언급했다. 그렇다면 P에 해당하는 차별화 Positioning 는 무엇이었나. "가장 쉽고 친절하게" 책을 읽기 전에 몰랐던 것을 가르쳐 주는 것이었다.

그러므로 "팔리는 콘텐츠"에 있어 작가의 역할은 아주 단순하게 말할 수 있다. 작가는 독자에게 당장 활용할 수 있는 꿀팁을 쉽고 친절하게 전달해주어야 한다. 그래서 작가가 서문에서 약속한 것처럼 독자가 책을 읽기 전과 달라지도록 도와줘야 한다.

OREO 를 통해 의견을 주장하기보다, TREO 를 통해 꿀팁을 알려준다고 생각하자.

예를 들면 이렇다. 4부에서 다뤘던 내용을 TREO 로 옮겨보았다.

Tip (시작) - 사로잡는 서문을 쓰는 **4가지 방법**

  Tip 1 - 요약으로 시작하라

    Reason 이유/근거 - 독자를 적극적으로 개입시키며 정보가 효율적으로 처리할 수 있게 해준다.

Example 예시 - 〈공인중개사 합격 비법〉과 〈하루만에 타로 운세 보기〉 책의 서문을 보면 언급한 이유를 확인할 수 있다

Tip 2 - 독자에게 약속하라

Reason 이유/근거 - 작가의 주제의식을 선명하게 해주고 설득력을 높이는 등 4가지 이유

Example 예시 - 출판된 책에서 인용

Tip 3 …

Tip 4 …

Tip (마무리) - 따라서 이 4가지 방법을 통해 사로잡는 서문을 쓰도록 기억하자.

가능하면 모든 챕터의 구성을 TREO 로 바꾸도록 노력하자. **특히 "4 가지 방법"처럼 숫자를 활용하면 더욱 설득력이 생긴다.** 글을 쓰기가 수월할 뿐 아니라, 독자 입장에서도 환영할 만한 일이다. 책 한 권이 작지만 유용한 Tip 들도 가득차있기 때문이다. 목차 역시 이 Tip 들을 나열하면 일목요연하게 정리된다. 하지만 무엇보다 중요한 장점이 있다.

챕터가 짧아진다는 것이다.

2. 챕터 쪼개기 : 하나의 Tip 당 하나의 TREO

마라톤 42.195 km 를 완주하려면 짧은 거리부터 훈련해야 한다. 처음엔 1 km 를 뛰고, 그 다음엔 3 km, 그리고 그 다음엔 10 km 식으로 늘려간다. 보통 사람에겐 10 km 도 벅찬 거리다. 행동경제학자들은 장기적인 목표는 현실적이지 못해 즉각적인 동기부여를 끌어내지 못한다고 지적한다. 그것보다는 크고 장기적인 목표를 잘게 쪼개는 게 효과가 있다고 한다. 실제 내가 할 수 있는 것들로 나누는 것이다.

10 km 를 400 미터 단위로 쪼개면 어떨까. 그러면 한숨 쉬며 "언제 10 km를 뛰지"라고 절망하는 대신 이렇게 생각할 수 있다. "운동장을 한 바퀴씩 한 바퀴씩 스물 다섯 번만 돌자!"

작가가 독자에게 주고 싶은 변화도 마찬가지다. 차근차근 작은 꿀팁을 알아가다 보면 어느새 서문에서 약속한 것들이 완수될 것이다.

하나의 챕터는 400-500 단어를 넘기지 않도록 노력해보자. 쉽게 이야기해서 하나의 소주제는 A4 한 장 이내로 끝내는 것이다. 이야기를 축약하라는 뜻이 아니다. A4 한 장이 넘어갈 것 같으면 챕터를 쪼개서 2개의 챕터로 만들자는 것이다. 이것이 마라톤 훈련의 원리이며, 독자가 동기를 잃지 않고 앞으로 나아가게 하는

'꿀팁'이다. 지금 이 책도 그렇게 쓰여졌다. 빠르게 책장을 넘겨보라. 계속해서 소주제가 보이고 챕터가 넘어간다. 각 챕터는 "~하는 법"으로 구성되어 있다는 것을 알 수 있을 것이다. 각 챕터가 하나의 TREO 로 쓰여진 셈이다.

팁이 있다면 하나의 챕터에게 전임하자. 그렇게 하면 챕터는 자연스럽게 짧아진다.

3. 놀지 않고 모두가 일하는 문단 만들기

문학이나 예술 쪽에서 쓰는 말을 들어보았을 것이다. "작가는 이 주제에 대해 심도 있게 파고든다. 몰입과 천착을 보여주었다. 치밀한 주제의식을 보여주었다." 비평가들이 잘 쓰는 말이라 실용적이진 않지만 이 말을 쉽게 풀면 이렇다.

문장 하나하나가, 모든 문단이, 그리고 모든 챕터가 그 주제를 뒷받침하고 있는가? 만약 그렇다면 주제가 선명하다고 말할 수 있다.

책을 쓰다 보면 "내가 이 말을 왜 쓰고 있지?"라는 질문을 자주 하게 된다. 이럴 때를 위해서 서문을 잘 쓰라고 계속 잔소리를 했다. 꼭 나쁜 현상은 아니다. 이런 질문을 할 때마다 작가는 주제의식을 떠올리게 된다. 결론적으로 더 일관된 방향으로 글을 쓰게 된다. 하지만 이런 생각이 들 때에는 경각심을 가져야 한다.

이런 생각을 하는 첫 번째 이유는 문장이나 문단이 길어지기 때문이다. 문장은 짧게 써야 한다. 이것이 글쓰기 불변의 법칙이었다. 문단과 챕터도 짧아야 한다. 실용서를 맛깔나게 쓰는 두 번째 조언이었다.

문장이 앞으로 나아가지 못하고 헤메는 두 번째 이유가 있다. 그 문장이 결국 말하고 싶은 목표 지점을 찾지 못했기 때문이다. 그렇게 하기 위해서 TREO 라는 처방을 언급했다. TREO 로 글을 썼다면 문장이 방황할 필요가 없다. "한 챕터에는 하나의 꿀팁만 방출하자."

책의 모든 문단은 어떤 Tip 인가를 위해 일하고 있어야 한다.

만약 놀고 있는 문장 또는 문단이 있는가? 그렇다면 TREO 프레임을 세워서 그 안에 끼워넣자. 쓸 때부터 TREO 나 OREO 를 근간으로 시작하면 이런 걱정을 할 필요가 없다.

모든 문장이 어떤 꿀팁을 위해 일하고 있다면, 그 책은 훌륭한 주제의식을 가진 책이며 독자는 "짜임새가 있는 책"이라는 찬사를 아끼지 않을 것이다. 실용적인 꿀팁 수십 개 (수십 챕터) 가 만들어 낼 변화는 말할 필요도 없다.

그러나 아무리 이런 방법을 알았다고 해도 진짜 중요한 일이 남아 있다. 매일 두 시간, 하루에 300 단어를 쓰는 것이다.

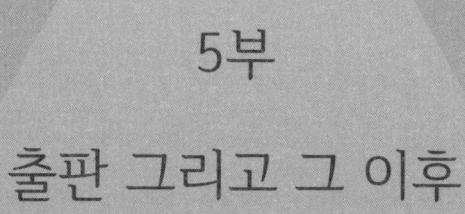

5부

출판 그리고 그 이후

시장성 있는 책에서 가장 중요한 요소를 돌이켜 보자. 시장을 분석하고 제대로 된 주제를 선택하는 것이다.

주제가 독자에게 잘 전달되도록 하기 위해서 몇 가지 실용서만의 팁을 알려주었다. 출간기획서는 우리가 설정한 시장성이 흔들리지 않고 계속 항해할 수 있도록 도와주는 나침반이었다. 서문은 독자와의 첫 만남이자 작가가 글을 쓸 때 "모드"를 설정하는 기능을 했다. 실제 책을 써나가는 과정에서는 불변의 글쓰기 원칙과 맛깔나게 실용서 쓰기에 대해 다루었다. 물론 이 모든 것은 매일 2시간씩 하루에 300 단어를 써야 완성되는 과정에 의해 완성된다.

책을 완성했다면 상품화를 해야 한다. 수많은 책 중에 띄어야 하는 것은 물론이고, 우리가 설정한 시장성이 제대로 시장에 나가야만 하기 때문이다. 알아두면 좋을 상품화 단계의 팁을 공유한다.

6단계: 작품에서 상품으로

검토

초고가 원성되었다면 주변에 검토를 요청하자. 친한 사람보다는 주제에 대해 관심이 있는 독자를 선정하는 것이 좋다.

검토를 요청할 때에는 두루뭉술하게 봐달라고 하지 말고 정확하게 질문하면 좋다. 예를 들어 "내가 책을 썼는데 전반적으로 한 번 봐달라"고 하면 안 된다. 엉뚱한 피드백이 올 가능성이 높다. 사람들은 피드백을 주는 방법을 제대로 훈련받은 적이 없기 때문이다. 맞춤법 토씨나, 페이지 사이에 빈칸이 있다거나 하는 '중요하지 않은' 내용만 잔뜩 피드백하는 사람이 의외로 많다. 그렇다면 작가가 검토해야 할 것은 무엇일까?

작가가 요청해야 할 피드백

1. 작가가 책을 왜 썼는지 제목과 서문 그리고 목차만 읽어도 한눈에 들어오는가?

2. 작가의 의도대로 본문이 쓰여졌는가. 즉 출간기획서에서 말한 집필의도, 핵심주제, 콘셉트가 책에서 잘 구현되었는가. 작가가 책을 쓴 이유가 뭔지 독자들이 알 수 있는가.

3. 책을 읽고 나면 서문에서 약속한 변화를 만들 수 있는가.

4. 설득력이 떨어지는 부분이 있는가.

5. "맞춤법이나 세세한 표현은 그냥 지나쳐주세요."라고 꼭 부탁하길 바란다. 별 것 아닌 디테일에 집중하는 사람들이 항상 있다. 주변적인 것들 말고는 무엇을 봐야할지 모르기 때문이다. 이런 부탁을 미리 해두면 나중에 서로 기분이 상하는 일을 방해할 수 있다. 교열이나 윤문은 자신 없다면 차라리 전문가에게 비용을 지급하는 게 낫다. 이는 프리랜서 사이트에서 교열, 윤문으로 검색하면 쉽게 알아볼 수 있다.

검토는 중요한 과정이다. 출판사에서 편집자가 하는 역할이다. 작가가 생각하기엔 매끄럽지만 논리가 비약하거나 예시가 빈약할 수 있기 때문이다. 피드백은 자기 매몰을 피할 수 있는 가장 중요한 방법이다.

만약 주변에 마땅한 사람이 없다면 내가 검토를 주선해 줄 수도 있다.

제목

출간기획서에서 이미 제목에 대해 언급했다. 이런 내용이었다.

1. 제목은 책을 요약한 게 아니다.
2. 제목은 독자의 욕망과 닿아 있어야 한다.
3. 예비독자의 도움을 받으라.
4. 최신 트렌드를 이용하라.

상품화 과정에서 제목은 표지와 함께 가장 중요한 요소이다. 검토받는 과정에서 "책이 어떤 의도인지 알겠는가"라는 항목이 있었다. 그 대답을 하는 데에 있어 제목은 아주 큰 역할을 하게 될 것이다. 위에서 언급한 네 가지 조언 외에, 상품화 과정에서 특히 이렇게 생각하면 좋다.

상품성이 좋은 제목 짓기

1. 제목의 역할은 지나가던 독자가 뒤돌아 보게 만드는 것이다. 가던 사람을 멈추는 것이다. 이미 언급한 것처럼 책의 내용을 요약

하려는 습관을 버려야 한다.

  2. 책의 내용을 잊고 독자만 생각해보기: 창의적인 제목을 가로막는 사람은 작가 자신이다. 책의 내용을 너무 잘 알고 있기 때문에 그 내용에서 벗어나기 힘든 것이다. 따라서 "책 내용은 뭐래도 상관 없이 좋은 제목"을 한 번 떠올려 보라. 다만 잊지 말아야 할 것은 독자다. 독자가 귀를 쫑긋 세울 만한 질문을 떠올려 보자. 지나가던 독자가 휙 뒤돌아 볼 만한 단어를 떠올려 보자. 그런 단어는 무엇이 다를까. 여러 번 반복하지만 독자의 욕망과 욕구와 고민에 그 힌트가 있다.

  공인중개사 시험에 합격하고 싶은 독자의 욕구는 무엇인가. 좀 쉽게 합격하고 싶은 것이다. 뭔가 그런 방법이 없을까 고민하는 독자에게 이렇게 소리치면 어떨까. "60점으로 합격하는 방법이 있는데 가르쳐드릴까요? 다 공부하지 않고도 합격하는 요령이 있는데." 책에서 이런 챕터는 없다. 하지만 책 내용 그 이상의 욕망을 말하는 이런 제목도 나쁘지 않다. 일단 가던 사람을 멈추게 하면 된다.

  굶주린 사람을 가장 빨리 불러모으려면 어떻게 말해야 할까. "배고픈 사람 있나요?"라고 물을 수도 있다. 그러나 재미도 없고 창의적이지도 않다. "와, 치킨이다!"라는 말이 훨씬 더 감각적이다. 배고픈 욕망을 정면으로 건드린다.

   3. 부제를 활용하기: 작가가 꼭 말하고 싶지만 제목에 쓰기엔 뭔가 마음에 들지 않는 내용이 있다. 이럴 때엔 부제를 활용하면 좋다. 부제 역시 제목의 일부이다. ISBN을 등록할 때에도 부제를 넣게 되어 있고, 교보문고나 예스이십사에 책을 등록할 때에도 부제를 넣을 수 있다. 표지에 들어가는 것은 물론이다. 따라서 부제를 전략적으로 잘 이용하기만 해도 개성있고 창의적인 제목을 완성할 수 있다.

   예를 들어 <이래도 위탁판매가 어려워요>의 부제는 이렇다. '왕초보도 따라하는 순수익 50만 원 내기 그리고 수입 다각화의 첫 단계.'

표지

표지는 보통 작가들이 쉽게 접근하기는 어렵다. 저렴하게는 30만 원 대에서 백만 원 이상의 가격까지 비용도 만만찮다. 하지만 일러스트가 굳이 필요 없는 표지의 경우엔 시간을 조금만 투자하면 충분히 혼자 만들 수 있다. 내가 가장 좋아하는 표지는 피천득 작가의 <인연>이다. 표지 가운데에는 연필로 '진주를 품고 있는 조개'를 그렸고, 글씨는 제목과 지은이밖에 없다. 복잡하고 화려한 것보다 텍스트로써의 제목 그 자체에 집중한다면 디자인은 그리 복잡하기만 한 것은 아니다.

표지를 직접 제작하는 첫 번째 방법은 무료 디자인 사이트를 이용하는 것이다. 이는 내 유튜브 채널에서 직접 시연하며 설명했다. 표지를 직접 만드는 두 번째 방법은 말 그대로 포토샵, 일러스트레이터 같은 소프트웨어를 사용하는 것이다. 종이책이라면 확대해도 깨짐이 없는 일러스트레이터가 적합하지만, 전자책이라면 포토샵으로도 충분하다.

실제 아마존 사이트로 가서 베스트셀러의 표지를 살펴보라. 대부분 아주 간소한 텍스트 위주이다. 즉 글자가 대부분이다. 나머지 디자인 요소는 색깔이나 배경 사진 정도가 있을 뿐이다. 표지에 대한 기대수준을 낮추자. 아마존 베스트셀러도 그렇게 하고 있다.

표지를 어떻게 기획할 것인가? 시장성이 우선 순위여야 한다. 디자인의 세계는 넓고도 넓다. 그럼에도 불구하고 초보작가들을 위해 당장 써먹을 수 있는 쉬운 조언을 하자면 이렇다.

표지를 기획할 때 체크리스트

1. 색이 눈에 띄는가: 배경과 글자의 색이 보색을 이루면 좋다.

2. 가독성이 좋은가: 글자의 크기가 충분히 커서 인터넷 서점의 썸네일 (미리보기 형태의 작은 사진) 에서도 읽을 수 있는가. 글자 색깔이 눈에 들어오는가. 유행하지만 읽기 힘든 폰트를 사용하고 있지는 않은가.

3. 독자가 좋아하는 분위기인가: 타로 책은 20대를 타깃으로 하고 있었다. 그렇다면 책의 색상이나 분위기, 들어가는 배경 사진이나 폰트도 그에 맞춰야 한다. 톡톡 튀는 폰트를 은어로 표현할 수도 있다 ("가성비 갑의 타로 꿀템"). 공인중개사 책은 40대나 50대를 타깃으로 하고 있다. 신뢰를 주면서도 "노후 대비"나 "적은 노력"이라는 키워드를 강조하면 좋다. 불변의 글쓰기 원칙을 기억하자. 독자를 공부하자. 독자의 입장에서 생각하자.

4. 단순한가: 간소하고 단순해지는 게 가장 어렵다. 그럼에도 포기해서는 안 된다. 다행히 요새는 단순한 것을 인정해주고 선호하는 추세다. 노력한 만큼 개선되는 게 보인다.

단순한지 아닌지를 알아보는 아주 쉬운 방법이 있다. 가짓수를 세보면 된다. 표지에 사용된 폰트는 몇 가지 종류인가? 두 가지가 좋지만 세 개까지는 인정할 수 있다. 네 개나 다섯 개라면 복잡하다는 증거다.

문장이 몇 개인지 세보자. 욕심에 많은 이야기를 하고 싶겠지만 제목을 포함해 5문장 이하로 유지하자. 반드시 들어가야 하는 요소인 제목, 부제, 저자소개, 출판사명 외에 또 들어간 게 있나? 그렇다면 적어보자. 이미지가 하나쯤 들어갈 수 있다. 그러나 이미지 말고 밑줄이나 화살표 혹은 낙서한 듯한 디자인 요소까지 들어간 것은 아닌가 살펴보자. 가지수가 많을수록 제한된 표지 공간은 복잡해진다.

복잡한 표지는 독자가 핵심을 보지 못하게 만든다. 기획에 과한 욕심을 부리면 단순하고 아름다운 디자인이 형편없어 진다. 재미삼아 유행했던 이 영상을 보기 바란다. "아이팟의 단순한 디자인을 마이크로소프트가 다시 디자인하면 어떻게 될까"라는 상상력에서 생겨난 영상이다. 유튜브에서 "Microsoft Re-Designs the iPod

Packaging" 이라고 검색하면 된다.

5. 가장 눈에 들어오는 것이 무엇인가: 표지를 한 눈에 보았을 때 가장 눈에 들어오는 것은 무엇인가. 혹은 표지를 잠깐 보고 났을 때 가장 기억에 남는 것은 뭔가. 그것이 무엇이든 상관없다. 단 하나, 그것이 책 제목과 깊은 연관이 있어야만 한다. 동시에 이 말을 기억하자. 가장 경계해야 하는 결과는 "아무 것도 기억나지 않는다"이다.

6. 강약조절: 가장 강조하고 싶은 것은 크게, 나머지는 작게 만들자. 이것도 중요하고 저것도 중요하다는 식으로 생각하면 아무 것도 강조되지 않는다. 물론 쉬운 결정은 아니다.

7. 최소한의 미적 상한 선을 지킬 것: 팔리지 않는 책의 아주 큰 공통점은 표지가 허술하다는 것이다. 특히 유페이퍼나 부크크 같은 자비출판 플렛폼 출신 책들이 그렇다. 제 아무리 명품이어도 비닐 봉지에 넣어 팔면 시장성은 기대할 수 없다. 평소 자신이 좋아한다는 이유로 의미없는 삽화를 넣거나, 특정 색상을 고집하지 말자. 온라인 서점에 썸네일 상태로 진열되었을 때에 "전문가가 디자인한 듯한" 인상은 풍겨야 비로소 경쟁할 자격을 갖추게 된다.

저자소개

　3부에서 이미 저자소개를 다루었다. 상품화 단계에서는 단 하나만 기억하면 된다. 저자에 대한 별명을 하나 만드는 것이다.

　상품화 과정에서 우리는 책이 상품으로써 선택받을 수 있도록 만들어야 한다. 긴 저자소개는 이미 독자를 멈춰 세운 다음의 일이다. 저자소개 자체가 독자를 멈춰 세울 수 있어야 한다.

　한두 개 단어로 저자를 소개할 수 있는 별명을 만들자. 타로 책의 작가라면 유튜버 타로마스터라는 별칭이 독자를 잡아끌 수 있을 것이다. 쿠팡 파트너스 책의 저자라면 재테크 블로거라는 별칭도 흥미를 유발할 수 있다. "난 아무것도 없는데요?"라며 포기하지 말자. 이 별명은 만들어내는 것이기도 하고, 미처 생각하지 못했던 것을 발굴하는 과정이기도 하다. 가장 손쉽게 생각할 수 있는 별칭은 "블로거"이다. 경우에 따라서 "전문가"라고 표현할 수도 있고, 만약 독자가 젊은 층이라면 "덕후"나 "매니아"라는 별칭도 매력적으로 다가갈 수 있을 것이다. 지금 이 책의 저자는 마작가 - 스타벅스 브랜드 전략가 출신이라고 별명을 붙일 생각이다. 전략가 출신이기 때문에 시장에 대해 말할 때에 설득력을 높여줄 거라고 판단했기 때문이다.

출간절차

원고를 마무리 했다면, 출간을 위한 표준 절차는 이렇다. 계약된 출판사가 있다면 작가가 직접 해야 할 일은 없다.

종이책 출간절차: (투고를 통해 출판사와 계약) – 내지디자인 – 표지디자인 – ISBN발급 – 인쇄 (종이와 재질 그리고 에폭시 등의 후가공까지 생각해야 하는 전문 영역이다) – 물류 배본사 계약 및 입고 – 서점에 계약 및 등록 – 마케팅 광고판촉.

전자책이라면 절차는 더욱 간단하다.
전자책 출간절차: ISBN 발급 – 표지 디자인을 포함한 전자책 제작 – 서점에 계약 및 등록 – 마케팅 광고판촉.

책을 출판하는 방법은 크게 기획출판과 자비출판이 있다. 여기에 대해서는 이미 잘 정리된 정보가 많이 존재하기 때문에 별도로 다루지는 않을 예정이다. 이 책의 목적인 "팔리는 책을 기획하고 쓰기"에 집중하고자 했다.

자신이 목적하는 바가 무엇인가, 내가 투자할 수 있는 비용과 시간은 어떠한가, 그밖에 여건의 고려해 내가 선호하는 방식은 무엇인가에 따라 자신에게 가장 좋은 방법을 고르면 된다. 개인적으로는 경험이 없는 작가라면 먼저 전자책을 내고 성과에 따라 그후에 종이책 출판을 고려하는 방향을 제안한다. 출판사를 통해 종이책으로 출판해야 좋다는 인식은 이미 바뀌고 있다. 출판에 대한 상담은 시중의 출판사 또는 이 책을 출판한 festbook.co.kr 에서 가능하다.

돈 안 쓰는 마케팅

책 마케팅에 대해서도 꽤 알려진 방법들이 있다. 하지만 이제는 돈 써서 노출하는 시대는 지나간 것 같다. 소비자는 상업적 냄새가 나는 광고에서는 믿음을 버린 지 오래다. 개개인이 미디어를 갖게 되면서, 이제는 콘텐츠를 가진 사람이 힘을 갖게 되었다. 방송국이나 신문이 다뤄야만 잘 팔리는 시대는 끝났다. 이는 출판업계도 마찬가지다. 출판사 대표들도 "이제는 서점 매대에 돈주고 책을 깔아도 효과가 없다."고 말한다. "온라인 서점에 배너 광고를 해도 책 인플루언서가 한 마디 하는 것에 못 미친다."고 말한다. 책뿐만 아니라 모든 업계가 마찬가지다. 브랜드 전략가로 글로벌 기업에 근무할 때부터 이런 변화는 이미 예견되어 있었다.

작가로써 돈을 안 들이는 마케팅이 있다. 한 마디로 말하면 이것이다.

독자의 눈에 띄는 콘텐츠를 만들어라.

전형적인 "끌어당김 전략 Pull Strategy"다. 그러면 우리가 독자에게 찾아가 광고할 필요가 없다. 독자가 찾아온다.

남이 내 책에 대해 말하도록 하라

글로벌 브랜드 전략에서 배워보자. 소비자와 커뮤니케이션에서 가장 중요한 두 가지 지표가 있다. 인지도와 관여도이다. 인지도는 "들어보았나"라는 이야기다. 노출과 직결된다. 관여도는 "내 것으로 느끼는가"이다. 들어는 보았고 사용도 하지만 남의 것으로 느끼는 브랜드가 있는 반면, 들어 보았고 사용하면서도 찐팬이자 후원자로써 애착이 있는 브랜드가 있다. 이 두 가지 지표를 동시에 설명하는 개념이 있다.

"The Most Talked About Brand"라는 개념이다. 사람들이 계속해서 말하는 브랜드.

우리는 정밀한 마케팅 전략을 세워서 커뮤니케이션 하기에는 밑천도 능력도 제한적이다. 하지만 이 개념 하나만 충실히 이행해도 꽤나 전략적으로 움직일 수 있다. 사람들이 계속 말하게 하는 것이다. 특히 타깃 독자들이 계속 여러분의 책을 말하게 하는 것이다. 예를 들면 어떤 것들이 있을까.

독자들이 책에 대해 말하게 하는 방법

1. 신문이나 잡지에서 책을 언급하도록 한다. 꼭 광고일 필요는 없다. 신문사나 잡지사에 취재를 요청하는 방법이 있다. 혹은 신간이 나왔으니 잡지 맨 뒤의 뉴스란에 손톱 만하게 실어달라고 부탁할 수도 있다. 신문이나 잡지는 소식에 목마르다. 책과 관련있는 분야의 잡지라면 더 그렇다. 부동산 관련 잡지나 인터넷 뉴스 사이트라면 <공인중개사 합격 비법>은 <하루만에 타로 운세 보기>보다 솔깃한 제안이다.

2. 인플루언서를 통해 언급한다. 인플루언서란 백만 명 이상의 메가 인플루언서도 있지만, 마이크로 인플루언서라는 개념도 있다. 숫자가 아주 크지는 않지만 그 분야에서는 영향력이 있는 사람이다. 이런 사람들이야 말로 진정한 인플루언서라고 할 수 있다. 책 전반에 대해 자주 콘텐츠를 만드는 블로거나 유튜브에게 연락을 하자. 그리고 책 소개를 부탁하자. 무상으로 책을 제공하는 것은 최소한의 투자다. 책을 전문으로 다루는 블로거들의 독자들은 직접적으로 책을 많이 읽는 "고객"이므로, 여러분의 책을 구매할 확률 즉 "전환률"이 아주 높다. 그 다음이 그 분야의 전문가인 마이크로 인플루언서다. 관심을 보이고, 이 책이 인플루언서 독자들

에게도 도움을 줄 수 있다는 윈윈 Win-win 임을 강조하자. 자신의 블로그를 키워두었다면 이 확률은 높아질 것이다 (나는 1,000 명 이상이면 좋겠다고 제안한다).

3. 이벤트와 주변 이웃을 활용하자. 인플루언서라고 생각하지는 않았지만 이웃수도 많고 활발한 주변 블로그 이웃이 잠재적인 인플루언서일 수도 있다. 이웃들에게 공유를 부탁하자.

공유를 하면 보상을 해주는 온라인 이벤트를 하는 것도 좋은 방법이다. 실제 이런 방법은 블로그를 운영하는 작가라면 심심찮게 볼 수 있는 광경이다. 이를 위해서는 "출판에 대한 작가의 의도"를 적고, 공유에 대한 혜택을 적으면 된다. 혜택으로는 커피 모바일 쿠폰도 좋고, 아니면 줌으로 1일 북토크/북콘서트를 열어 독자와 직접 책의 내용에 대해 이야기하는 장을 열어도 좋다. 실제 출판사들이 코로나 전까지만 해도 자주 활용했던 방법이다.

4. 서평단 운영. 책을 무상으로 제공하고 책에 대한 서평을 자신의 소셜 미디어에 게시하도록 하는 방법이다. 위에서 언급한 이벤트의 한 방법이 될 수도 있다. 서평단은 전문가에게 위탁할 수도 있지만, 블로그 같은 자신의 소셜 미디어를 활용해서도 충분히 모집하고 운영할 수 있다. 네이버 "책과 콩나무" 같은 커뮤니티를 통

하면 별도의 수수료를 지급하지 않고도 독자들에게 서평용 책을 나눠주고 서평을 제공받을 수 있다. 이 결과는 앞서 이야기한 우리의 전략과 딱 맞아 떨어진다. "독자들이 책에 대해 이야기"하고 그것은 다른 잠재 독자의 눈에 띄기 때문이다.

물론 이 네 가지 방법 외에도 다양하고 기상천외한 마케팅 방법이 존재할 수 있다. 하지만 초보작가들에겐 이미 충분하다. 글로벌 브랜드 전략가 출신의 내 경험으로 보자면, 이것만 제대로 해도 마케팅의 기본은 잘 지켰다고 본다. 내로라 하는 글로벌 브랜드의 기본 커뮤니케이션 전략도 스케일만 다를 뿐 이와 다르지 않기 때문이다.

모르는 사람에게 팔아라: 독자가 검색할 만한 콘텐츠를 만들어라

검색은 디지털 시대 마케팅에서 입소문만큼이나 중요한 것 같다. 입소문이 특정 네트워크 안에서의 브랜드 인지도를 만든다면, 검색은 불특정 다수를 끌어들이는 방법이다. 흔히 마케팅 깔대기(Marketing Funnel) 로도 설명한다. 소비자와 독자가 어떻게 콘텐츠에 접근하는가? 현대 사회에서는 특정 키워드를 통해 인터넷에서 검색을 하는 것으로 시작한다. 그리고 여러 단계를 거치면서 구매까지 이어진다는 모델이다. 그리고 깔대기의 첫 번째 관문 – 가장 넓은 부분이기도 하다 – 은 바로 검색이다.

"판매의 스케일"은 모르는 사람에게서 팔아야 가능하다. 아는 사람 스무 명한테 팔아서는 책을 쓴 노력에 대한 보상으로 너무 작다. 게다가 우리는 팔리는 책을 쓰기 위해 함께 모이지 않았나?

모르는 사람에게 팔려면 검색은 필수다. 위에서 "남이 내 책에 대해 말하도록 하라."라고 했다면, 여기서는 "남이 검색한 내용에 내 책이 뜨도록 해라."이다.

검색 마케팅은 SEO (Search Engine Optimization) 라는 별도 분야가 존재할 만큼 큰 분야이다. 내 홈페이지에서 계속 다루는 주제이기도 하다. 아주 기초적인 원칙을 소개한다.

독자에게 검색되는 콘텐츠 만드는 방법

1. 내 책의 키워드를 정해라. 2부에서 이야기한 분야, 키워드의 양, 트렌드를 다시 생각해보자. 내 책의 핵심 키워드는 2-3개 내로 요약될 수 있어야 한다. 검색을 위한 확장 키워드는 20개까지 생각하되, 그 이상으로 확대할 수도 있다. 백만 유튜버 신사임당이 자신의 콘텐츠와 키워드에 대해 설명한 영상을 소개한다. 이 영상을 시청하면 큰 도움이 될 것이다. (유튜브 영상 제목: 유튜브 떡상에 꼭 필요한 3가지 조건, 구독자가 늘어나는 원리 (신사임당 2부))

2. 독자들이 궁금해 할 만한 키워드를 정해라. 위의 내용과 뗄 수 없는 과정이다. 내 책의 키워드 안에는 이미 독자들의 욕구와 고민을 반영해야 하기 때문이다. 하지만 여기서는 조금 더 멀리 내다보는 방법을 소개한다.

출간기획서에서 생각한 독자를 떠올려보자. 책의 키워드는 독자가 갖고 있는 다양한 관심사와 욕구 중 아주 일부분이다. 그렇다면 다른 분야와 욕구를 한번 상상해보자. 독자가 평소에 관심있는 분야는 무엇일까. <하루만에 타로 운세 보기>의 독자는 평소에 어떤 것에 관심을 가질까. 나이대라면 연애, 맛집, 패션, 직업과 재테크 등일 것이다. "타로"라는 키워드는 이러한 다양한 키워드와 맞물려 새로운 콘텐츠로 탄생할 수 있다.

   3. 롱테일 키워드를 잡자. 키워드 마케팅을 조금만 검색해보면 알 수 있다. 롱테일 키워드란 (Long-tail keywords) 자세하고 길게 이루어진 키워드의 조합을 말한다. 예를 들어 "타로"를 보자. 타로는 일반적이고 큰 검색어이다. 검색 결과에 나타나려면 경쟁이 심하다. 하지만 "하루만에 타로 연애운 보는 법"이라는 키워드는 어떤가. 검색하는 사람의 구체적이고 명확한 욕구를 반영한다. 이는 롱테일 키워드이다. "타로"로 검색되는 것보다 훨씬 경쟁력이 있다. 이렇듯 다양한 롱테일 키워드를 발굴해서 콘텐츠를 발행하는 것이 실질적인 유입에 도움이 된다. 이는 실제 검증된 이론이다. 세계 최대의 온라인 쇼핑몰 아마존이 그 예시이다. 아마존 매출의 57%는 롱테일 키워드 유입을 통해 이루어진다. 내 책에 딱 맞는 롱테일 키워드를 계속해서 확장하자.

   4. 소셜 미디어에 책의 주제, 책의 독자가 공감할 만한 콘텐츠를 꾸준히 발행하자. 한 개의 잘 된 콘텐츠가 꾸준히 유입을 만들어주는 시대는 지났다. 블로그던 유튜브던 간에 콘텐츠의 양에 대한 논란은 이미 정리된 듯 보인다. 결론은 하나의 잘 된 콘텐츠는 무엇도 보장하지 않는다는 것이다. 그보다는 일관성 있는 콘텐츠를 지

속적으로 업로드하는 것이 중요하다.

첫 번째는 유입 때문이다. 앞서 이야기한 롱테일 키워드가 하나씩 모이면 어느 순간 폭발적인 유입으로 이어질 수 있다.

두 번째는 정성적인 작가의 자산 때문이다. 지속적인 콘텐츠 발행은 책의 구매에도 직접적인 도움을 주지만, 결국 작가의 전문성이라는 포지셔닝을 강화시킨다. 당연한 이야기지만 작가의 전문성은 작가가 만든 콘텐츠의 구매로 이어진다.

5. **기승전 - 책**. 우스운 소리로 "저 사람은 맨날 자기 자랑이야. 무슨 이야기를 하든지 기승전 자기 자랑으로 끝난다니까."라는 말을 한다. 키워드를 공부해서 꾸준히 콘텐츠를 올릴 때엔 반드시 책의 내용으로 마무리하는 것을 잊지 말아야 한다. "더 자세한 내용은 제 책 … 에 더 자세하게 나와있습니다."라는 말과 서점 링크 정도면 충분하다.

히어로 채널을 정해라

　남이 내 책에 대해서 말하고, 모르는 사람이 검색해서 내 콘텐츠가 검색된다면 마케팅의 기본은 다 한 것이다. 이제 그 스케일이 얼마나 큰지에 따라 결론은 책 구매로 나타날 것이다. 하지만 잊지 말아야 할 것이 있다. 구매 페이지를 어디로 연결시킬 것인가?

　첫 번째 방법은 네이버 책으로 연결하는 것이다. 네이버에서 제공하는 서비스로 책의 여러 가지 정보를 한 군데 모아서 보여준다. 기본적인 책 정보는 물론이고, 이 책에 대해서 쓴 리뷰 글이나 살 수 있는 서점도 보여준다. 단점은 수수료다. 서점에 따라 다르지만 교보문고의 경우 네이버를 통해 사면 정가의 약 10%를 수수료로 뗀다. 물론 서점에서는 이 수수료를 서점 정산액에서 차감한다. 계약에 따라 다르겠지만 작가의 인세에 영향을 줄 수도 있다. 정가의 10%면 매우 크다. 통상 대한민국 작가의 평균 인세는 8%에서 10%이기 때문이다.

　두 번째 방법은 서점으로 연결시키는 것이다. 여러 서점의 링크를 보여주면 독자가 혼란스럽기 때문에 한 군데의 서점으로 유도하자. 독자에게도 편리할 뿐 아니라, 마케팅 관점에서도 유리하다. 채널을 한 군데로 집중하면 자연스럽게 그 서점에서의 리뷰/평가 숫자가 많아지기 때문이다. 리뷰가 많을 수록 독자의 구매확률은 올라간다. 물론 리뷰가 나쁘지 않을 경우이다. 출판사 대표들에 따르면 통상 예스이십사의 판매 비중이 가장 높다. 그래서 나도 예스이십사를 추천한다. 우리는 "팔리는 책"의 시장성을 계속 논해 왔다. 따라서 가장 큰 시장인 예스이십사를 추천하는 것이 합리적이라고 생각한다.

특히 전자책은 조금만 탄력을 받으면 eBook 내에서 베스트셀러 표시가 붙는다. 공식적인 서점의 입장인 만큼 어디에 가서 "베스트셀러 작가"라고 말하기에 부끄럽지 않다.

맺음말

작가가 하고 싶은 말을 하는 것은 중요하다. 그러나 작가가 팔리는 책을 쓰고 싶다면 이야기는 다르다. 목적에 맞는 설계가 반드시 필요하다.

낭중지추라는 말처럼, 좋은 콘텐츠는 저절로 발굴될지도 모른다. 하지만 인생을 살아보니 꼭 그렇지 않더라는 사실을 우리는 알고 있다. 빈센트 반 고흐 같은 가난한 예술가들은 역사에서 심심찮게 발견된다.

이 책에서는 시장성을 위한 콘텐츠를 기획하는 것에 초점을 맞췄다. 특히 기성작가보다는 초보작가 혹은 예비작가를 생각하며 썼다. 초안을 작성한 후에는 이 책의 목차를 체크리스트로 활용하기 바란다. 책쓰기에 필요한 모든 것을 뭉뚱그려서 말하지 않으려고 노력했다. 인터넷에서 충분히 얻을 수 있는 자료는 짧게 언급만 했다. 그러므로 이 책의 내용을 체크리스트로 활용하면 잘된 부분은 더 부각시키고 개선이 필요한 부분은 퇴고 때에 반영할 수 있을 것이다.

그럼에도 불구하고 이 책을 통해 결코 도울 수 없는 일이 있다. 여러 번 언급한 것처럼, 하루 2시간 또는 300 단어를 지켜가며 책을 "써 내는" 것이다. 그러기 위해서는 집요한 자기통제와 의지가 필요하다.

Raymond Carver loved to quote Isak Dinesen, who said that she wrote a little every day, without hope and without despair. "Someday," he wrote, "I'll put that on a three-by-five-card and tape it to the wall beside my desk."

레이먼드 카버는 이작 디네센에 대해 말하길 좋아했다. 그녀는 "매일 조금씩, 희망도 절망도 없이 쓰는" 사람이었다. 카버는 말했다. "언젠가는 그걸 3x5 카드로 만들어서 내 책상 옆에 붙여놓을 거야."

존 스튜어트 밀의 말을 빌리자면, 진정한 자유란 방종이나 책임의 회피가 아니다. 자유란 자신이 꾸리고 싶은 삶의 방향을 스스로 선택할 수 있는 것이다.

책쓰기를 통해 경제적인 자유는 물론 진짜 살고 싶은 자기의 인생으로 다가서길 진심으로 바란다.

글쓰기와 자기 인생을 사는 이야기는 마작가.com 에서 만날 수 있다.